생명을 살리는 직업 II

간호사 · 약사 · 수의사

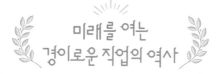

미래를 여는
경이로운 직업의 역사

생명을 살리는 직업 II

간호사·약사·수의사

박민규 지음

내가 정말로 원하는 직업은 무엇일까?

'선생님'이 되어 아이들을 가르치고 싶은 사람도 있고, '의사'가 되어 아픈 사람을 치료해 주고 싶은 사람도 있고, '경찰관'이 되어 범죄를 저지른 사람을 잡고 사람들을 돕고 싶은 사람도 있을 것입니다. 선생님, 의사, 경찰관이 '된다'는 것은 바로 선생님, 의사, 경찰관이라는 '직업을 가진다'는 의미입니다.

우리는 저마다 자신의 희망, 적성, 능력에 따라 직업을 가집니다. 직업이란 사람이 경제적 보상을 받으면서 자발적으로 하는 지속적인 활동입니다. 직업을 가지게 되면 기본적인 경제생활을 할 수 있는 소득을 얻고, 사회발전에 이바지할 수도 있고, 무엇보다도 자기가 가지고 있는 꿈을 실현할 수 있습니다. 그래서 한 사람이 살아가기 위해서는 '직업'을 가지는 것이 매우 중요합니다.

직업을 가지려면 먼저 그 직업이 하는 일은 무엇이며, 그 일을 잘하기 위해서는 어떤 능력이 필요하고, 사회에서 하는 역할이 무엇인지

아는 것이 중요합니다. 그래야 자신의 꿈을 이룰 수 있는 직업을 선택하고, 그 직업에 필요한 능력을 미리 갖출 수 있기 때문입니다.

2021년 기준 한국에는 약 1만 7천여 개의 직업이 있고, 해마다 새로운 직업이 생겨나고 있습니다. 수많은 직업 중에서도 특히 많은 사람들이 관심을 갖는 직업들이 있습니다. 우리는 이 직업들이 처음에 어떻게 생겨났고, 시대의 변화에 따라 바뀐 점과 바뀌지 않은 점이 무엇인지 살펴볼 것입니다. 달라진 점을 살펴보면 그 직업이 앞으로 어떻게 변해 갈지를 예측해 볼 수 있습니다. 또한, 달라지지 않은 점을 바탕으로 그 직업의 진정한 의미와 가치를 찾아낼 수 있을 것입니다.

이 책이 여러분에게 '내가 정말로 원하는 직업이 무엇인지' 생각해 보고, 미래를 준비하는 데 도움이 되기를 바랍니다.

생명을 보살피는 여러 직업

　아프거나 다친 사람을 치료하고 보살피는 일은 인류의 생존을 위해 중요했기 때문에 10만 년보다 더 오래전 구석기 시대부터 '아픈 사람을 치료하는 일을 하는 사람'이 있었습니다. 인류의 역사가 흐르고 사회가 발전하면서 '치료하는 일'은 여러 분야로 나뉘며 매우 복잡해졌으며, 직업으로 삼으려면 높은 수준의 지식과 기술이 필요하게 되었습니다. 또한 과학 기술의 발전으로 '치료하는 일'은 빠르게 발전해 이전에는 못 고치던 병도 이제는 치료할 수 있고, 치료와 관련된 새로운 직업도 많이 생겨났습니다.

　이 책은 생명을 살리는 직업 1권에 이어 의사의 치료를 돕고 환자를 보살피는 간호사Nurse와 의사의 처방에 따라 약을 조제하고 복용을 돕는 약사Pharmacist, 동물의 질병을 치료하는 수의사Veterinarian가 하는 일은 무엇인지, 역사적으로 언제, 어떻게 탄생해서 오늘에 이르렀는지, 어떻게 그 직업을 얻을 수 있으며, 현재 우리의 상황은 어떤지,

그리고 미래에는 어떻게 달라질지를 살펴봅니다.

이를 통해 각각의 직업이 시대에 따라 겉으로 드러나는 모습과 하는 일의 본래 의미가 무엇인지, 변한 것은 무엇이고 변하지 않는 것은 무엇인지, 인류 발전에 어떻게 이바지했는지를 이해한다면 직업을 지금까지와는 다른 시각에서 볼 수 있을 것입니다. 거기에 더해 현재와 미래를 살펴 그 직업에 필요한 자질이 무엇인지, 어떤 준비를 해야 하는지, 앞으로 어떤 발전 가능성이 있는지도 알 수 있을 것입니다.

무엇보다도 책을 읽는 청소년들이 직업의 본래 의미를 이해해서 앞으로 어떤 직업을 선택하든지 자기가 하는 일에 보람을 느끼고 즐겁게 살아가기를 기대합니다.

· 차례 ·

 동물의 병을 치료하는 사람, 수의사

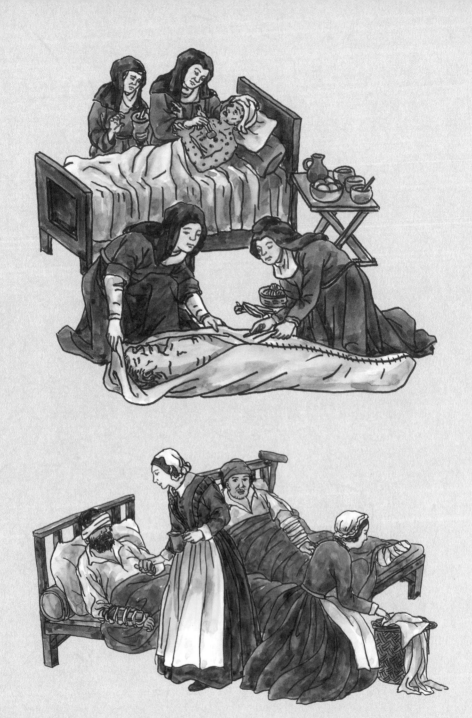

1부

아픈 사람을 돌보는 사람, 간호사

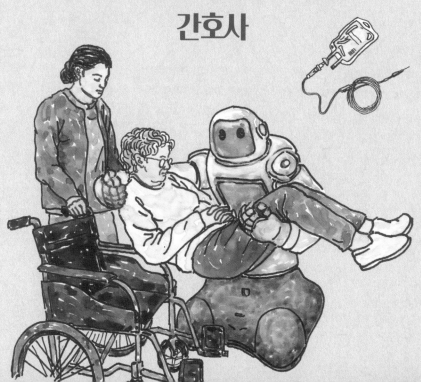

간호사의 탄생과 변화

대부분의 나라에는 오랫동안 아픈 사람을 돌보는 직업이 따로 없었고 주로 가족이나 친지, 동료나 하인들이 환자를 돌보아야 했다. 이들은 전문적인 지식이 없어서 환자를 제대로 간호하지 못했다. 하지만 고대 인도에서는 높은 계급인 사람들이 간호사로 일했고, 고대 로마에서도 아픈 사람들을 돌보는 상류층 여성들이 있었다. 중세 유럽에서는 종교를 중심으로 아프거나 가난한 사람들을 돌보는 시설이 늘어나면서 수도자 간호사가 생겨났다.

고대의 간호사

간호의 뜻

사람이 건강하도록 과학적이고 체계적인 방법으로 돕는 것이 '간호 Nursing'이다. 조금 자세히 살펴보면, 간호는 사람들이 '건강의 회복, 질병의 예방, 건강의 유지와 증진에 필요한 지식, 기력, 의지와 자원을 갖추도록 직접 도와주는 활동'이다(대한간호협회). 즉 건강을 위협하는 것은 미리 막아 병이 발생하지 않도록 하며, 지금 건강한 사람은 그 상태를 계속 유지하고 더 향상될 수 있도록 하고, 질병 때문에 생기는 고통을 줄여 환자가 합리적으로 판단하고 인격과 존엄을 지킬 수 있게 보살피는 것이 '간호'이다. 간호를 특별한 지식과 기술을 가지고 전문 직업으로 삼은 사람이 간호사이다.

이집트의 간호사

인류는 아주 오래전부터 아픈 사람을 돌보았지만 사실 '돌보는 일'이 직업이 된 것은 그리 오래되지 않았다. 보통 가족이나 동료, 또는 하인이 아픈 사람을 돌보았는데, 이들은 특별히 의술이나 환자 간호에 관해 잘 알거나 배운 사람은 아니었다. 가족, 친지가 환자를 돌보는 것은 지금까지 수천 년간 계속되어 아직도 환자 간호는 가족이 해야 할 때가 많다.

고대 이집트에서는 사원에서 환자를 치료하기도 했다. 이 사원에서는 환자에게 약을 먹이고 잠이 든 사이에 종교 의식을 진행했는데, 환자를 돌보는 간호사는 따로 없었다. 이 사원은 잠깐 방문하는 환자 위주였고, 중환자나 임산부처럼 오래 입원해서 치료받아야 하는 환자는 아예 받지 않았다.

그리스의 간호사

고대 그리스의 아스클레피오스 신전에서는 남자 환자와 여자 환자를 나누고, 각각 다른 방에서 노예나 하인에게 시중을 들게 했다. 이 사원에서 가장 높은 사제 아래에는 종교 의식과 관련된 일을 담당하는 여자 사제와, 환자를 돌보는 일과 청소, 빨래, 식사 준비 등의 일을 하는 하인을 감독하는 여자 사제가 있었다. 이 사제들은 마치 오늘날 병원의 병동을 책임지는 수간호사 같은 역할을 했다.

그리스에서는 의사가 되려고 의사를 따라다니며 배우는 남성이 훈련받은 간호사 역할을 했다. 서양 의학의 선구자인 히포크라테스는 훈련받지 않은 노예가 병자를 간호하는 것에 반대하고 제자들에게 직접 환자를 돌보게 했다.

아스클레피오스 신전에서의 치료
ⓒwellcome collection

이들은 환자를 간호하면서 환자의 증상과 병이 낫는 과정을 관찰했는데, 이것은 의술을 익히는 중요한 수단이었다. 하지만 당시 다른 의사들은 히포크라테스를 따르지 않고, 노예가 환자를 돌보게 했다.

인도의 간호사

기원전 3세기경, 인도에 병원이 생기면서 훈련받은 간호사가 등장했다. 인도의 고대 의학자 수슈루타는 의사, 환자, 약품, 간호사를 의학의 네 기둥이라고 했다. 인도의 고대 의학책에는 간호사라면 환자가 요구하는 모든 일을 할 수 있는 능력과 기술을 가지고 있어야 한다는 내용이 있다. 이에 따르면 간호사는 약을 지을 수 있을뿐더러 음식을 만들고, 환자를 씻기고, 몸을 마사지하고, 불편한 환자를 부축해서 움직이게 돕고, 병실을 깨끗하게 유지하는 등의 일을 해야 한다는 내용

인도의 고대 의학자 수슈루타

이 나온다.

간호사는 대부분 종교 수련을 하는 젊은 브라만 계급의 남성이었다. 브라만 남성 간호사들은 자기와 같은 브라만 계급의 환자만 돌보았다. 남자 간호사들이 돌볼 수 없는 여성 환자를 위해 나이 든 여자들이 간호사 일을 하기도 했다.

불교가 등장하고 번성하면서 가난한 사람을 위한 병원이 만들어졌다. 인도의 병원에서는 치료뿐 아니라 병을 예방하는 것도 중요하게 생각해서 위생 시설을 만드는 데도 힘썼다. 환자의 마음을 달래기 위해 음악을 들려주기도 하고 이야기꾼을 고용해 환자들에게 재미있는 이야기를 해 주기도 했다. 이 당시 인도는 고대 세계에서 간호가 가장 발달한 곳이었지만 8세기 이후 불교가 쇠퇴하면서 의술과 간호 기술도 같이 저물었다.

로마의 간호사

로마에는 직업적인 간호사는 없었고, 간호는 가족과 노예의 몫이었다. 로마는 많은 전쟁을 치렀는데, 전쟁에서 부상을 입은 병사는 동료 병사가 돌보았다.

시간이 흐르면서 로마 군인을 위한 병원이 국경 지방을 중심으로 많이 세워졌다. 이 병원에는 복도를 사이에 두고 작은 방들이 있었고 그 방에서 환자를 치료했다. 환자 5~6명마다 1명씩 돌보는 사람이 있었고 공동 목욕탕과 휴게실, 약국, 의료진이 사용하는 방도 따로 있었다. 약 4,000~5,000명으로 이루어진 로마 군단마다 1명의 의사와 여러 명의 군대 간호사가 있었다. 군대 간호사들은 특별히 교육 받은 것은 아니었고, 단지 동료 병사가 부상에서 회복하는 것을 옆에서 도왔다. 이들을 부르는 이름 '콘투베르날리스'는 '같은 방을 쓰는 동료'라는 뜻이다.

의료 시설의 필요성이 점점 늘어나면서 군대 병원이 아닌 일반 병원도 생겼다. 노예는 귀족의 재산이었기 때문에 병원에서는 병든 노예도 치료했다. 의사들이 작은 개인 병원을 차리기도 했다. 병원에서는 의사와 의사가 되기 위해 수련하는 학생, 그리고 노예들이 환자를 돌보았다. 2~3세기 무렵부터 환자 간호를 주로 담당하는 사람이 생겨났지만, 이들도 특별한 훈련을 받지 않은 노예들이었고, 의사나 군인이 이들을 감독했다.

힘없는 자들을 돌본 기독교

로마의 황제 콘스탄티누스 1세(274~337)는 기독교를 로마의 국교로 삼은 후 병원과 사원을 포함한 모든 이교도 기관은 문을 닫게 했고, 그 결과 의학이 몰락하기 시작했다.

하지만 한편에서는 '자선 활동'이라는 측면에서 사람들을 돌보는 활동은 계속했다. 일정 지역을 담당하는 기독교 교회(교구)의 최고 책임자인 주교는 자기가 맡은 지역의 병자, 가난한 사람, 과부, 고아, 장애인, 여행자를 돌봐야 했다. 주교는 이 일을 교회 일을 돕는 봉사자들에게 맡겼다. 이들과 부유한 신자는 자기 집의 방을 내어 도움이 필요한 사람을 보살폈다. 여성 봉사자들은 가난한 사람이나 아픈 사람을 찾아다니면서 먹을 것을 가져다주기도 하고 건강 상태를 살피기도 했다. 이 일은 간호사뿐 아니라 오늘날 사회 복지사가 하는 일과도 흡사하다.

기독교 교회는 4세기 후반부터 병자, 가난한 사람, 과부, 고아, 여행자 등을 돕는 공공 기관을 만들었다. 이 기관을 호스피스라고 불렀는데 접대 또는 환영을 뜻하는 라틴어 호스피티움hospitium이라는 말에서 나왔다.

프랑스에서는 오텔 디외Hôtel Dieu라고 부르기도 했는데, '하느님의 집'이라는 뜻이다. 이곳은 힘든 사람들을 위한 보호소, 보육원, 양로원, 요양소 같은 곳이었으며 지금처럼 환자를 진료하는 병원은 아니었다. 여기에는 의사도 없었고, 간호도 의료와 관련된 것이 아니라 기본적인 생활을 돌보는 것이었다.

간호와 자선에 헌신한 상류 계층 여인들

상류 사회에 속한 귀족 가문 출신으로 가난한 사람을 보살피고 병자를 간호하는 데 헌신한 여성들이 있었다. 성녀 마르첼라(325~410?)는 로마의 부유한 귀족 출신으로, 남편이 일찍 죽자 자신의 저택을 개조해서 가난한 사람과 병자를 위해 사용했다. 이곳은 다른 귀족 여성들이 모이는 중심이 되었고, 여기서 그녀는 간호하는 방법을

수녀들을 가르치는 성녀 파울라

가르쳤다. 후에 성녀 마르첼라는 수도원의 창시자, 수녀의 어머니로 불린다. 성녀 파울라(347~404)는 마르첼라가 하는 일에 감명받아 예루살렘으로 가는 기독교 순례자를 위한 숙박 시설을 만들었고, 385년에는 베들레헴으로 아예 옮겨 수녀원과 병원을 짓고 병든 사람을 돌보았다.

성녀 파비올라(?~400)는 로마를 대표하는 명문 귀족 가문 출신으로, 로마에 커다란 병원을 지었고 죽을 때까지 아픈 사람과 가난한 사람을 직접 보살폈다.

동아시아의 간호사

　중국을 중심으로 한 동아시아 문명에서는 건강을 개인과 우주가 균형과 조화를 이룬 상태로 보고, 이 균형이 깨어지면 질병과 불편함이 나타난다고 생각했다. 진맥, 침, 뜸 등 독자적인 진료 방법이 발전해서 우리나라와 일본 등지에 전해졌다. 하지만 동아시아 지역에도 간호는 가족이나 하인, 노비가 담당했고, 간호만 전문으로 하는 사람은 없었다. '간호'가 실질적인 직업이 된 것은 19세기 서양 의학이 전해지고 나서부터이다.

직업 간호사가
나타나기까지

수도자 간호사의 탄생

로마 제국은 내부 분열과 외적의 침입에 시달렸다. 로마를 중심으로 한 서로마 제국이 멸망한 후 그 땅에는 여러 민족이 자리 잡았다. 하지만 로마를 침략한 이민족들도 점차 기독교를 받아들이면서 기독교는 서양 사회에 확실히 뿌리를 내려 종교뿐 아니라 일상생활까지 지배하게 되었다.

로마 제국 말기 잦은 전쟁으로 의료 시설은 대부분 파괴되었지만, 이후 기독교 수도원과 수도원에 딸린 진료소가 등장했다. 진료소는 처음에는 수도원 소속 수도자가 아픈 경우를 대비해서 만들어졌지만 점점 수도사가 아닌 가난한 사람과 병든 사람까지 치료했다. 수도회는 유럽 전역에 진료소를 만들었는데 특히 '베네딕트회'가 중요한 역할을 했다.

　수도원 소속 수도자는 신앙생활 외에도 농사, 가축 돌보기, 책 베껴 쓰기, 가르치기 등 반드시 다른 일을 해야 했는데, 간호도 그 가운데 하나였다. 종교 단체에서 후원하는 병원, 간호를 주 임무로 삼는 수도회에서 세운 병원도 있었는데, 여기에서는 간호 인력이 병원을 운영했다.

수도회, 수도원, 베네딕트회

기독교 신자 중 일부는 로마 제국 말기 혼란에 빠진 세상을 떠나 자기들끼리 모여 함께 살면서 종교 생활에 전념했다. 이들은 자신들이 지켜야 하는 엄격한 규칙을 세우고 조직을 만들었는데, 이 모임이 바로 '수도회'이다. 수도회마다 처음 세운 사람의 정신을 받들고 그에 따라 활동했다.

수도 생활의 아버지라
불리는 성 베네딕트

수도원은 수도에 전념하는 사람들이 함께 모여 사는 곳이다. 남성 수도자(수사)와 여성 수도자(수녀)를 위한 수도원은 따로 있었다. 수도자들은 저마다 맡은 일을 하면서 정해진 일과에 따라 생활했다. 수도원에는 밭, 과수원, 가축우리, 병원, 묘지 등이 있어서 스스로 살아갈 수 있었고, 외부 학생을 가르치는 학교와 여행자가 자고 갈 수 있는 시설을 갖춘 곳도 있었다.

성 베네딕트(480?~550?)는 혼란스러운 세상을 떠나 동굴에 숨어 살며 신앙생활에 헌신했다. 하지만 그의 신앙과 덕망이 알려지면서 많은 사람이 찾아와 가르침을 부탁했고, 그는 자연스럽게 수도자의 지도자가 되었다. 성 베네딕트는 수도자들을 모아 하나의 수도원 공동체로 만들고 수도자들이 따라야 하는 수도 규칙을 세웠다. 이 규칙은 '일하고 기도하라'라는 말로 대표되는데, 이후 서양 수도원의 본보기가 되었다. 베네딕트회 수도사들은 밭과 과수원에서 일하면서 수확한 농산물을 가난한 사람들에게 나눠 주고, 일반인들에게 읽기 쓰기를 가르치고, 의학과 약초에 관한 지식으로 환자를 돌보았다. 베네딕트회는 지금도 우리나라를 비롯한 여러 나라에서 활발히 활동 중이다.

수도자 간호사와 환자

간호 일을 하는 수도자는 보통 새벽 5시에 일어나 환자를 씻기고 음식과 물을 주는 것으로 하루를 시작했다. 혼자 먹지 못하는 중환자들에게는 음식을 먹여 주었다. 수도자들은 검소하게 살며 스스로 고난을 겪기로 맹세했기 때문에 기름진 음식을 먹지 않았고, 그래서 환자들이 먹는 음식이 수도자들이 먹는 음식보다 좋았다. 수도자들은 환자들이 식사를 마친 뒤에 밥을 먹고, 이불과 옷을 빨고, 병원을 청소하는 한편 환자가 기도하거나 예배를 보게끔 도왔다. 당시 지푸라기로 만들어진 침대의 매트리스는 벌레가 살기 좋은 환경이었기 때문에 침대를 관리하는 것도 중요했다. 수도자들은 대기하다가 환자가 부르면 달려왔고, 밤에도 당번을 정해 환자를 살폈다.

환자는 병원에 오면 우선 환자복으로 갈아입었다. 원래 입던 옷은 빨아서 따로 보관했다. 심하게 아픈 환자는 병실 침대를 혼자 썼지만, 덜 아픈 환자는 여행자나 가난한 사람들 2~4명과 하나의 침대를 함께 사용했다. 병원의 이러한 환경 때문에 오히려 병원에서 병이 옮는 일이 많았고, 전염병이 번지는 것도 막기 어려웠다.

되살아나기 시작한 의학

기독교는 점차 의학을 받아들이기 시작했고, 의학 지식도 다시 조금씩 쌓이기 시작했다. 수도사들은 수도원에 전해지는 고대 의학책을 모아 공부하고 베껴 써서 돌려 보았다. 일부 남아 있던 지식을 바탕으로 자체 약초 농장을 운영하는 수도원도 있었다. 수도원 병원에서는 환자를 진료하기 위해 의사를 불렀는데, 의사의 진료에 관한 의견은 단지 참고 사항이었고, 간혹 이를 무시하는 수도사나 수녀도 있었다.

이슬람 의학

인도에서는 불교의 힘이 줄어들면서 의학이 쇠퇴했지만, 이슬람 의학은 황금기를 맞이했다. 이슬람 문화권에서는 인도로부터 병원 시스템을 받아들여, 의사-간호사-약사가 한 팀으로 환자를 진료했다. 이슬람 세력이 확장되면서 이슬람식 병원 시스템도 퍼져 나갔다. 이슬람 세력이 지배했던 스페인 코르도바에는 500개 이상의 병원과 커다란 도서관, 대학이 있었다. 이슬람이 이베리아반도에서 물러난 이후에도 의학 지식은 라틴어로 번역되어 유럽에 전파되었다. 십자군 전쟁에 참여한 유럽 여러 나라의 군대도 이슬람 의학을 유럽에 전했다.

최초로 백내장 수술을 한 코르도바의 안과 의사 알 가페키 동상

십자군 기사단과 간호

십자군 전쟁에 참여한 여러 나라의 기사는 신앙을 중심으로 뭉친 기사 수도회를 만들었다. 줄여 기사단이라고 부르기도 하는데, 성전기사단(혹은 템플기사단), 구호기사단, 튜턴기사단(혹은 독일기사단)이 유명하다.

이들의 주요 임무는 성지 예루살렘으로 순례하는 기독교 신자의 보호 및 지원이었는데, 전쟁이 격해지면서 직접 전투에 참여하기도 했다. 이 가운데 구호기사단은 환자를 치료하고 간호하는 데 힘썼는데, 기사단 소속 기사는 대부분 귀족 출신이어서 환자를 돌보는 일에는 서툴렀다. 그래서 기사는 주로 전투에 참여했고, 환자의 간호는 귀족을 보조하는 부사관과 하인이 담당했다.

대부분은 남성 환자였지만 가끔 여성 환자도 있었다. 구호기사단은 지중해와 유럽 여러 곳에 병원을 세웠다. 구호기사단의 정식 이름은 '예루살렘의 성 요한의 구호형제회'인데, 요즘도 많은 병원 이름에 '성요한'을 따서 쓴다.

　구호기사단 아래 소속된 성 라자로 기사단은 전투 지역에 병원을 운영하고 병자를 이송해서 치료했는데, 주로 한센병 환자를 간호했다. 튜턴기사단은 독일 출신 기사들이 만들었는데 예루살렘에 1190년 처음으로 병원을 세웠다. 기사들은 주로 전투에 참여했고, 소속된 여성들의 주요 임무는 '간호'였다. 당시에는 동물을 기르거나 환자를 돌보는 일이 여성이 하기에 적합한 일이라고 믿었다.

기사단의 새로운 시스템

　기사단의 활동은 현대 병원 시스템의 근본이 되었다. 비로소 의사-간호사-약사가 함께 일하기 시작했고, 간호 책임자와 함께 의사, 약사가 돌아가면서 환자를 보았다. 매주 선배 의사들이 젊은 의사와 간호사에게 해부학과 의학을 가르쳐 유럽 최초로 전문 교육을 받은 간호사가 등장하게 되었다. 전염병 환자는 40일간 다른 방에 떼어 놓고 별도로 지내게 하였고, 의사의 지시에 따르도록 했다.

　수도회와 기사단의 회원은 같은 형태의 제복을 입기 시작했다. 구호기사단은 붉은 바탕 혹은 검은 바탕에 8각 십자가(몰타 십자가)가 그려진 옷을 입었고, 튜턴기사단은 흰색 겉옷에 검은색 몰타 십자가를 표식으로 삼았다. 그뿐만 아니라 제복에 여러 표식을 달아 의료진 사이의 계급을 구분했다. 구호기사단 간호사들은 엄격한 규칙을 따랐고,

구호기사단 표식(왼쪽)과 튜턴기사단 표식(오른쪽)

높은 지위가 되기 위해서는 반드시 정해진 수련을 마쳐야 했는데, 당시에 가장 뛰어난 간호사였다.

간호 시스템의 발전

일반 병원도 구호기사단 시스템을 천천히 받아들였다. 12세기 무렵에는 반은 속세에 발을 걸친 수도회가 등장했다. 정통 수도회는 세상과 분리되었지만, 새로 생겨난 수도회는 보통 사람들이 가입해서 종교 생활을 할 수 있어서, 자기 일을 하면서 환자를 돌보고 싶어 하는 사람들에게 좋은 기회를 제공했다. 하지만 이곳의 간호 일은 정통 수도회보다 더 힘들었다. 정통 수도회에서는 사람을 고용해서 병원의 허드렛일을 시켰는데, 새로 생긴 수도회에서는 간호사들이 온갖 일을 다 해야 했다.

간호사의 자격

간호 일을 직업으로 하는 사람이 늘어났지만 정해진 교육 과정이나 자격 기준이 없었기 때문에 능력은 저마다 들쭉날쭉했다. 남에게 빚진 것이 없는 자유인이면서 심각한 질병이 없으면 간호사가 될 수 있었다. 새로 들어온 사람은 1년 동안 병원에서 일하면서 배웠고, 그 후 수도회 책임자나 교회 주교가 승낙하면 청빈, 복종, 순결의 규칙을 지킬 것을 서약하고 간호사가 되었다. 수도회마다 간호사 수가 정해져 있어서 함부로 늘리지는 않았다.

간호사 일은 고되고, 밤낮없이 긴 시간 일해야 했기 때문에 헌신적이고 봉사하는 마음을 갖춘 사람이 아니면 하기 힘들었다. 수도회 회원인 간호사들은 종교적인 사명감을 가진, 좋은 교육을 받은 사람들이었다. 하지만 전문적인 의료 공부를 따로 한 것이 아니라서 환자에 의학적인 도움을 주지는 못했다.

간호의 암흑기, 페스트의 유행과 종교 개혁

13세기 이후 교회와 세속의 구별은 심해졌다. 수도원의 규칙이 더욱 엄격해지면서 수도사는 세속적인 직업을 가지지 못했고, 세상에서 멀어졌다. 의학의 가치가 높아지면서 이전 같으면 간호사를 할 사람들이 대우가 더 좋은 다른 의료 관련 직업을 택했다.

14세기 유럽에서는 흑사병이 유행해서 인구가 크게 줄었다. 이 전염병의 유행은 당시 의료 시스템으로는 대처할 수 없었다. 흑사병이 유행한 지역의 부자나 귀족은 도망갔고, 남겨진 하인들이 강제로 병자를 돌보는 일에 동원되었다. 하

16세기 파리의 병원 오텔 디외의 모습. 간호가 쇠퇴하기는 했지만, 여전히 가톨릭의 영향이 강한 지역에서 병원은 운영되었다.

지만 스스로 나서서 아픈 환자를 돌본 사람도 있었다. 시에나의 성녀 카타리나(1347~1380)는 밤마다 등불을 들고 거리를 돌아다니며 흑사병 환자를 돌보았고, 알렉시안 수도회는 흑사병 유행 시기에 병으로 죽은 사람들의 장례를 치르고, 살아남은 사람들을 간호하기 위한 목적으로 탄생했다. 흑사병은 유럽 사회뿐 아니라 유럽의 의료 시스템 자체를 파괴했다.

비슷한 시기 종교 개혁으로 유럽 여러 지역에서 기존의 수도원과 수도회가 해제되었다. 게다가 살아남은 수도원과 수도원에 딸린 병원들도 16~17세기까지 전쟁 중에 많이 파괴되었다. 의학은 점점 발전하고 의사는 늘어났지만 '간호'는 점점 쇠퇴했다. 당시 수녀원에는 귀족 가문의 여성이 많이 들어갔지만 이들은 간호 같은 힘든 일을 하지 않았고, 결국 간호는 하층 출신 여성들이 하는 일이 되었다.

비종교적 병원과 간호사

종교 개혁으로 새롭게 등장한 개신교 나라에서 '비종교적인 병원'이 나타나기 시작했다. 독자적이고 새로운 시스템을 갖춘 곳도 있었지만 비종교적인 병원도 대부분 가톨릭의 전통을 물려받았다. 런던의 성 바르톨로뮤 병원을 통해 '비종교적인 병원'의 발전 모습을 잘 알아볼 수 있다.

초창기 바르톨로뮤 병원에는 100명의 환자와 이를 돌보는 12명의 여성 간호사, 병원 전체를 책임지는 간호 책임자 한 명이 있었다. 간호 책임자는 밤에도 2~3회 병원을 돌면서 환자에게 음식을 주거나 환자를 씻기는 일, 병실 청소, 환자의 옷 수선 또는 붕대를 만드는 일 등 병원 직원들이 일을 제대로 진행하는지 감독했다. 여성 간호사는 저녁 7

성 바르톨로뮤 병원의 모습

시 이후에는 위급한 상황을 제외하고는 남자 병실에 들어가지 못했고, 환자를 야단치거나 술을 마시거나 거친 말을 쓰면 안 되었다. 이전 교회 병원에서는 수도자 간호사에게 돈을 주지 않고 잠자리와 음식만 제공했지만, 이 병원의 간호사는 봉급을 받았다. 그렇지만 종교적 헌신과 봉사 정신은 수도자 간호사에 미치지 못해서 딱 정해진 일만 했다. 이들은 대부분 자신이 가족의 생계를 책임져야 하는 가난한 가정 출신들이었는데, 19세기까지 중산층 이상은 간호사 직업을 피했다.

간호사 복장

병원에서 일하는 사람들은 자기들만의 제복을 만들어 입었다. 특히 간호사들은 수녀들이 쓰는 머리 두건에서 비롯된 모자를 쓰고, 모자에 계급을 나타내는 표시를 했다. 20세기 말까지도 간호사들은 모자를 썼고, 이 모자는 간호사의 상징처럼 여겨졌다. 하지만 환자 진료나 다른 활동에 불편해서 지금은 없어졌다. 간호사들이 입는 옷은 굉장히 두껍고 무거웠으며 빨기도 어려웠다. 위생과 청결보다는 지저분한 것이 묻어도 잘 드러나지 않는 것이 중요했다.

병원의 성장

개신교에서 세운 병원은 점점 확장되었고 간호사의 수도 늘었다. 18세기 말이 되면 성 바르톨로뮤 병원의 환자 수는 3천 5백여 명, 간호사 수는 100명에 달했다. 간호사들은 병원 기숙사에서 살았고, 대우는 점점 좋아져서 봉급도 올라가고 근무 환경도 개선되었다. 야간 근무나 수술을 보조하는 전문 영역도 생기기 시작했고 이런 일을 하면 추가로 수당을 받았다.

하지만 가톨릭 국가의 병원에서 간호사 역할을 하는 수녀들은 제대로 교육을 받지 못했다. 근무는 매우 힘들어서 24시간, 때로는 48시간을 쉬지 않고 계속 일하기도 했다. 게다가 수녀는 엄격한 종교 계율에 따라 자기 몸도 손과 얼굴을 제외하고는 볼 수 없었다. 그래서 환자의 몸을 드러내고 상처를 살피는 일은 매우 어려웠다.

17세기 프랑스의 가톨릭 사제 빈첸시오 드폴(1581~1660)은 새로운 간호 시스템을 도입해서 기존 종교 중심의 간호 시스템을 보완했다. 1633년에는 '빈첸시오 아 바오로 사랑의 딸회'라는 자선수녀회를 만들고 수녀 간호사를 도와줄 여성을 모집했다. 이들은 종교적인 서약 대신 매년 새로 계약했고, 부모나 남편의 동의를 받고 들어오게 했다.

빈첸시오 아 바오로 사랑의 딸회 소속 간호사들이 파리의 버려진 아이들을 돌보고 있다. ©wellcome collection

일하는 동안에는 숙식을 제공했으며, 정식 교육 과정은 없었지만 소속 간호사들에게 교회에 전해진 각종 의학 지식을 가르쳤다.

1660년 빈첸시오 사제가 죽기 전까지 이 수녀회에서는 350명 이상의 간호사를 배출했고, 이들은 유럽 전역 70개 이상의 병원에서 일했다. 빈첸시오 아 바오로 사랑의 딸회는 지금도 세계 각처에서 의술을 통한 봉사 및 구호 활동을 하고 있으며, 우리나라에도 1980년 수녀원을 설립해서 지금까지 어려운 사람을 돕고 있다.

간호사의 주도권이 약해지다

수도원 병원이 등장한 이래 17~18세기까지 병원은 간호사들이 책임졌다. 의사는 병원에서 필요할 때만 자문해 주는 역할을 했다. 개신교 병원도 마찬가지였다. 가톨릭의 전통을 따르지는 않았지만, 병원 운영은 이전 가톨릭 병원의 방식을 물려받아 간호사들이 병원을 책임졌다. 하지만 의학의 발전에 비해 간호는 제자리걸음이었기 때문에 의사가 병원의 주도권을 잡기 시작했다. 18세기 파리 오텔 디외 병원을 책임지던 수녀가 "요즘 의사는 환자를 함부로 다루고, 수녀를 만나도 인사를 제대로 하지 않는다. 이전에 젊은 의사들은 복도에서 수녀를 마주치면 정중히 인사를 하지 않고는 지나가지도 못했다"라고 불평할 정도였다. 반면 구호 단체 간호사들은 외과 의사, 의사와 전문적인 협력 관계를 만들었다.

성 바르톨로뮤 병원도 초기에는 외과 의사가 일주일에 몇 번 방문해서 상처에 약을 바르고 붕대를 바꿔 주는 일 정도만 했지만, 16세기 말이 되면 내과 의사가 각각 환자마다 처방을 써 줄 정도로 의사의 영향력이 커졌다.

식민지의 간호사

유럽은 16세기부터 남아메리카를 점령해 식민지로 삼았다. 스페인은 1520년 멕시코에 최초로 유럽식 병원을 만들었으며, 식민지 곳곳에 병원을 세웠다.

북아메리카에서는 1635년 캐나다에 최초로 병원이 생겼지만 1639년이 돼서야 훈련받은 간호사가 배치되었다. 미국에는 1650년에 아픈 군인과 노예를 치료하기 위한 유럽식 병원이 만들어졌다. 하지만 이 병원들은 병실도 좁고 환자를 치료하기 어려운 환경이었다. 병원에서 일하는 사람들은 대부분 교육을 받지 못한 가난한 가정 출신이었는데, 보수도 적었고 봉사하려는 동기도 부족했다. 미국의 병원은 주로 갈 곳 없는 가난한 사람이 머무는 보호소의 역할을 하면서 환자를 돌보았고, 18세기 중반까지 환자 치료만을 목적으로 하는 병원은 없었다.

본격적인
간호 교육의 시작

18세기 유럽에서 간호사 교육이 본격적으로 시작되었다. 전쟁터에서 부상당한 병사들을 세심하게 간호하면서 이름을 날린 영국의 나이팅게일은 간호사의 일과 체계를 하나하나 세워 나갔다. 이후 체계적인 간호사 교육이 이루어지면서 간호사의 역할은 안정되었으며, 사회적으로 인정받는 직업이 된다. 동아시아에서는 개항이 이루어진 뒤에야 간호사라는 직업이 생겨났다.

전쟁터에서
간호사들의 활약

개신교의 간호사 교육

18세기 유럽에서 간호사를 훈련시키는 교육이 발전했다. 프랑스, 영국, 독일 의사들이 간호사 교육을 위한 교과서를 쓰기 시작했지만, 글을 읽지 못하는 간호사가 많았다.

개신교 국가에서는 가톨릭 수녀회를 본받은 간호사 집단이 탄생했다. 대표적인 곳이 라인강 변에 자리 잡은 독일 병원 카이저스베르트이다. 테오도르 프리드너 목사(1800~1864)와 그의 부인 프리드리케 프리드너(1800~1842)는 사랑의 딸회와 유사한 '카이저스베르트 여집사(간호사) 양성소'를 만들었다. 간호사의 역량을 높이기 위해 좋은 가정 출신이면서 윤리 의식이 높은 젊은 여성을 뽑아 의학과 약, 그리고 신학에 대해 가르쳤는데, 이들을 여집사deaconess라고 불렀다.

간호 실습은 카이저스베르트 병원의 의사들이 지도했다. 카이저스베르트 병원의 간호사가 되면 1~3년의 훈련 기간을 거친 뒤 5년 이상 병원에서 일할 수 있었다. 하지만 병원에서는 간호사에게 숙소와 식사, 옷만 제공하고, 봉급을 주지 않았다. 야간 경비를 서는 남자 간호사 몇 명을 빼곤 간호사는 전부 여자였다. 카이저스베르트는 유명해져서 멀리 떨어진 곳에서도 간호사 교육을 받으러 모여들었다. 하지만 해야 할 일은 많은데 대우는 좋지 않아서 돈을 벌 수 있는 병원으로 옮기는 사람이 많았다.

카이저스베르트에서의 경험을 바탕으로 영국의 엘리자베스 프라이 (1780~1845)도 1840년 간호사를 위한 훈련 학교를 세워 훗날 나이팅

Part of Kaiserswerth Deaconess Institution showing the window of Miss Nightingale's room—third window from the top, corner block.

(The British Journal of Nursing)

1920년대 카이저스베르트 여집사 양성소의 전경 ⓒwellcome collection

게일에게 영감을 주기도 했다.

나이팅게일, 새로운 간호의 출발

19세기에는 사회 변화가 활발하게 일어났고 여성의 권리도 높아져 많은 여성이 교육 받을 기회를 얻었다. 교육 수준이 높은 여성 중에는 자신의 경력을 개발하기 위해 간호사가 되려는 사람도 늘어났다.

영국의 유복한 가정에서 태어난 플로렌스 나이팅게일(1820~1910)은 간호의 발전에 큰 영향을 미친 '세계에서 가장 유명한 간호사'이다. 나이팅게일의 부모는 딸에게 역사, 라틴어, 그리스어 등을 직접 가르쳤다. 나이팅게일은 17세에 종교적인 믿음을 따라 사회에 공헌하는 사람이 되기로 다짐했다고 한다.

세계 여러 나라를 돌아다니며 공부하던 나이팅게일은 1851년 카이저스베르트를 견학했고, 파리의 사랑의 딸회에서도 공부했다. 1853년에 런던 부인병원의 책임자가 된 나이팅게일은 이 병원에서 환자 간호를 효율적으로 하는 여러 아이디어를 실현했다. 환자에게 종을 나눠 주고 급한 경우 울려 간호사를 부를 수 있게 했으며, 층마다 음식을 나르는 엘리베이터를 설치해서 간호사들이 음식을 들고 계단을 오르내리지 않도록 했다.

크림 전쟁에서 간호사들의 활약

1853년부터 1856년까지 영국은 러시아와 전쟁을 벌였는데, 전투가 주로 벌어진 크림반도의 이름을 따 크림 전쟁이라고 부른다. 크림 전쟁 초기 영국 군대에는 부상병을 돌보는 간호사가 없었다. 외과 의사는 있었지만 붕대와 마취제, 부목 등 필수 의료품이 부족했고, 부상병을 위한 침대와 수술실 그리고 부상병을 위한 음식 준비 등 환경이 아주 형편없었다. 당시 전쟁을 보도하던 신문 기자가 비참한 영국군의 상황을 알리자 영국은 발칵 뒤집혔고, 영국 정부는 나이팅게일에게 간호사를 이끌고 전쟁터에 가 줄 것을 부탁했다.

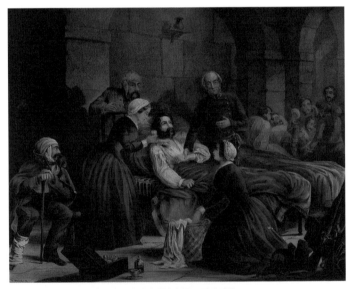

전쟁터에서 부상병을 치료하는 나이팅게일과 동료 간호사들

나이팅게일은 14명의 일반 간호사와 24명의 종교 단체 소속 간호사, 10명의 가톨릭 수녀를 모아 급히 출발했다. 정부는 이들에게 봉급과 숙소, 식사, 제복을 지원했다.

간호사들이 전쟁터에 도착했지만 군대 지휘관들은 이들을 거부했다. 남성 의사들도 자신들의 전문 영역에 여성들이 침입한 것으로 보고 불편해했다. 그래서 간호사들은 환자를 돌보는 일 대신 의약품을 정리하고 붕대를 만들면서 기다렸다. 계절이 바뀌어 겨울이 되면서 환자가 급속히 늘어나자 의사들도 어쩔 수 없이 간호사들에게 도움을 청하게 되었다. 나이팅게일은 간호사들이 의사의 지시에 따라 환자를 돌보도록 했는데, 이때부터 병원에서 의사가 주도권을 가지는 것이 자리 잡게 되었다.

나이팅게일은 환자 간호 외에도 세탁, 청소 같은 일부터 병사의 편지를 대신 써서 보내 주는 우체국 역할, 의학 실험, 회복기 환자에 대한 교육, 병원에 휴게실과 오락실 설치, 병원 식당에 요리사 고용 등 다양한 활동을 했다.

평균 50~70%에 달하던 부상자의 사망률이 나이팅게일이 관리하는 병원에서는 10% 이하로 떨어지는 놀라운 성과를 보였다. 이 결과 '간호'에 대한 이미지가 좋아졌고, 사회에서 전폭적인 지지를 받게 되었다. 나이팅게일은 전쟁이 끝나고 3년 후에 귀국해서 조용히 생활했지만, 그녀의 지지자들은 그녀를 그냥 놔두지 않았다.

간호사 교육과 나이팅게일

나이팅게일은 간호를 직업이 아니라 사명이라고 강조했다. 간호사에게 중요한 것은 교육보다도 성품이라고 생각해서 '좋은 가정 출신' 간호사를 뽑았다. 또 간호사는 의사와 다른 간호사만의 일이 있으며, 간호는 병을 돌보는 것이 아니라 사람을 돌보는 것이며 사람의 안녕을 위한 것이라는 점을 명확하게 했다.

영국 정부와 국민은 돈을 모아 나이팅게일의 업적을 기리는 재단을 만들었고, 1860년에는 영국 성 토머스 병원에 나이팅게일 간호학교를 열었다. 교육 자체는 이전과 크게 다르지 않아서 의사나 선배 간호사로부터 도제식 실습을 받고 약간의 이론 강의를 듣는 정도였지만, 종교적인 성격은 없었다. 이 학교는 '병원에서 일하는 간호사를 훈련한다', '선배가 후배를 훈련한다', '병들고 가난한 사람을 돌보는 지역 간호사를 훈련한다'는 목표로 운영되었다.

남북 전쟁과 간호사의 역할

크림 전쟁이 끝난 지 얼마 되지 않은 1861년, 미국은 남부와 북부로 나뉘어 전쟁을 벌였다. 이를 미국 남북 전쟁이라고 한다. 당시 북군은 나이팅게일에게 군대 간호사를 어떻게 조직하고 운영하는지 물어 도움을 받았다. 여기에 많은 여성이 간호사로 지원했는데, 간호사가 되기 위한 조건은 평범한 외모의 30세 이상 여성이었다. 간호사는 검은

색이나 갈색 제복을 입었고, 머리를 단정하게 다듬었으며, 보석과 같은 장신구를 달 수 없었다.

군대 의사들은 여성 간호사를 반기지 않았다. 오히려 군인이나 나이 많은 남성의 도움을 받는 것을 좋아했다. 하지만 일손이 부족해서 간호사의 도움을 받지 않을 수 없었다. 군대 의사들과는 달리 군인과 군인 가족, 일반 대중은 간호사들의 노력에 크게 고마워했다. 이 간호사들은 전문적인 의학 훈련을 받지는 않았지만, 헌신하고자 하는 동기가 강했고, 교육도 많이 받았던 터라 간호 기술도 빨리 익혔다.

간호사 교육의 발전

나이팅게일이 도입한 교육 방식이 퍼져 나가며 점차 자질이 뛰어난 사람들이 간호사가 되었고, 의사들도 간호사의 가치를 인정하게 되었다. 하지만 변화는 느렸다. 1870년대에도 간호사는 환자를 돌보는 일 말고도 청소, 빨래, 설거지 등도 다 해야 했다. 병원에서 실습하는 간호사들에게는 일정한 수준의 생활비나 용돈을 주었다.

간호사들은 때로 가정집을 방문해서 환자를 보살폈다. 간호사는 보통 12시간 근무했고, 일주일 중 하루는 예배에 참석하고 휴식할 수 있었다. 1880년대가 되어서야 병원은 차츰 허드렛일을 하는 사람을 따로 고용하기 시작했다.

초기의 간호사 교육은 병원에 취직한 간호사가 환자를 돌보는 일을 하면서 필요한 기술을 배우는 것이었다. 강의나 이론 교육은 일주일에 한 번 정도였다. 하지만 시간이 갈수록 실습보다는 강의 위주의 교육이 늘어났다.

20세기에 들어서면서 대부분 병원에서 간호사를 교육하면서 돈을 주는 것이 아니라, 배우는 사람들이 강의료를 내게 되었다. 일이 아닌 교육의 특성이 강해진 것이다. 영국에서는 간호사 교육을 간호 책임자가 맡았고, 미국에서는 의사가 간호사를 교육하고 감독했다. 그래서 미국의 간호사는 영국에 비해 힘이 약했다. 특히 의사나 다른 전문 경영자가 병원을 운영하면서 간호 책임자의 영향력은 더욱 줄었다.

간호사는 대부분 여성이었다. 당시 여자 의사는 취직하기가 어려워서 의사 교육을 받은 여자가 간호사로 일하기도 했다. 간호사 지망생의 10% 정도는 남성이었는데, 이들은 정신병 환자 수용소에서 많이 일했다.

적십자, 자유 간호사 운동, 그리고 선교사

스위스 출신 앙리 뒤낭(1828~1910)은 나이팅게일의 뜻을 이어 전쟁 때에는 부상자를 치료하며 난민 또는 어린이를 구호하고 보통 때에는 재해와 질병으로부터의 구조와 예방을 목표로 하는 국제 단체를 만들었다. 이 단체가 바로 적십자사이다. 적십자사는 1864년 제네바에서 열린 국제회의에서 정식으로 인정받아 국제 적십자 위원회로 출발했다. 적십자사는 지금도 전쟁이나 재난이 발생한 지역에서 인명을 구조하고, 구호물자를 제공하고, 전쟁 포로를 위문하는 활동을 활발하게 하며, 노벨 평화상도 세 번 받았다. 이슬람 문화권에서는 십자가 대신 초승달을 표식으로 사용하는 적신월회가 활동한다.

국제 구호 단체인 적십자사를 세운 앙리 뒤낭

북유럽을 중심으로 간호사가 병원이나 종교적인 단체에 속해 제약을 받지 않고, 자유롭게 일하고자 하는 움직임도 생겨났다. 많은 간호사가 이 생각을 지지했고, 병원에 얽매여 고된 근무를 하는 것보다 독립적으로 활동하는 간호사들이 늘어났다.

비슷한 시기 유럽의 여러 종교 단체는 인도, 중국, 이슬람 여러 나라에 선교사를 보내 자신의 종교를 전파했다. 많은 선교사가 의학 교육을 받았고, 현지에 병원을 세워 선교의 본부로 삼았다. 이 병원에서 환자를 돌보고, 의사를 보조하는 간호사로 현지인을 뽑아 그 나라 문화에 맞도록 병원을 운영했다.

19세기 이후 간호사 교육

19세기 후반에는 훈련된 간호사들이 전 세계에서 활동했다. 이 부분에는 나이팅게일이 크게 이바지했지만, 발전을 가로막는 부분도 있었다. 당시 간호사를 가르치는 학교는 지방 정부에서 관리했지만, 체계화된 교육 프로그램이 없어서 학교를 마치더라도 실력이 제각각이었다. 그래서 젊은 간호사들은 국가에서 필수 교육 과정을 만들고, 간호사의 자격을 인정하는 면허를 내주기를 원했다. 하지만 나이팅게일은 이렇게 하면 간호사의 기술만 중요하게 여기게 되고, 간호사 개인의 인성과 동기가 덜 중요해진다는 이유로 반대했다.

가톨릭 국가에서의 간호는 개신교 국가보다 발전이 느렸다. 프랑스는 19세기에 들어서야 일부 병원에서 수녀가 아닌 일반인을 간호사로 모집했다. 가톨릭 국가의 간호사들은 여전히 좋지 않은 대우를 받았다. 1870년에 간호학교가 세 군데 생겼지만, 수녀들은 간호사 훈련을 따로 받는 것을 거부하고 일반인들은 글을 읽지 못하는 사람이 많아 큰 호응을 얻지 못했다. 공공 교육 체계가 자리 잡고 난 후에야 나이팅게일식 간호 교육 체제가 도입되었고, 20세기 초부터 파리의 공공복지 담당 관청에서 관리했다. 파리의 오텔 디외에서도 수녀가 아닌 일반인 간호사가 환자를 보살폈는데, 그 무렵부터는 수녀도 훈련을 받고 간호사로 일했다.

미국의 간호사

19세기 후반, 미국에서는 의료 서비스가 널리 퍼지면서 의사들이 개인 병원을 많이 세웠다. 병원마다 간호사 훈련 학교를 같이 운영했는데, 저마다 가르치는 정도가 다 달라 간호사의 수준이 제각각이었다. 간호사는 자기가 훈련받은 병원에서 일했고, 결혼하면 대부분 일을 그만두었다. 의사 중에는 간호사의 가치를 인정하는 사람이 늘었지만, 간호사가 의사가 되려고 욕심을 내서 나중에 경쟁자가 되리라 생각하는 의사도 여전히 있었다. 이런 의사들은 간호사는 전문적인 훈련을 받을 필요가 없고, 의학 지식 없이도 할 수 있는 일만 해야 한다고 생각했다.

하지만 이런 생각에 반기를 든 간호사들은 간호사협회를 만들고, 전문 잡지를 출간하는 등 전문가로서 목소리를 내기 시작했다. 간호사협회에서는 간호사를 양성하는 교육 프로그램을 만들고 국가에서 간호사 자격을 심사하고 인정할 것을 요구했다.

19세기 말에서 20세기 초, 여러 나라에서 정부가 간호사 자격을 인정하는 전문 간호사 제도를 시행하기 시작했다. 간호사 훈련 기간은 점점 늘어나 1890년 미국에서는 간호사가 되기 위해 3년간 공부하고, 6개월간 실습을 해야 했다.

간호사 교육은 본래 도제식 교육에서 출발했다. 그래서 간호사가 되려면 우선 병원에 들어가서 일을 배워야 했다. 하지만 점차 간호사 교육 프로그램이 자리를 잡으면서 공부와 훈련이 우선시되기 시작했지만, 여전히 실습을 중요하게 여겼다.

근대 동아시아의 간호사

● 중국

중국의 근대 간호

중국에서 간호가 직업으로 자리 잡게 된 것은 아편 전쟁 이후 서양 선교사가 본격적으로 들어오면서부터다. 이전까지는 환자의 가족이 환자를 보살폈다.

1884년 미국 출신 선교사이자 간호사인 엘리자베스 메케크니 (1845~1939)가 중국에 도착해서 나이팅게일 간호 시스템을 소개했다. 1888년 미국 간호사 엘라 존슨은 푸저우에 처음으로 근대적인 간호 학교를 세웠다. 1903년에는 베이징 대학교에 간호학과가 생겼는데, 뛰어난 학생들이 많이 모였다. 이 학교 졸업생은 수준이 높았고, 이들

중 일부는 외국으로 유학을 떠났다.

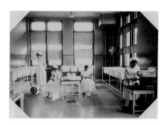

1909년에는 중국 간호사협회가 만들어졌고, 1915년에는 처음으로 국가에서 간호사 시험을 시행하고 합격한 사람에게 면허를 주었다. 중국 간호사협회는 1922년 국제 간호협의회에 가입해서 외국과 교류했다.

베이징 협화의학원 간호학과의 모습

1920년에는 미국 록펠러 재단의 후원으로 만든 베이징 협화의학원에 간호학과가 생겼다. 이 학교는 입학 조건이 까다로워 다른 대학을 1년 이상 다닌 사람만 지원할 수 있었다. 1932년에는 난징에 국립 간호학교가 생겼으며, 면허를 받은 전문 간호사도 계속 증가해 1936년에는 약 6천여 명에 달했다. 하지만 일본의 침략, 중국 국민당과 중국 공산당의 내전으로 중국은 혼란에 빠졌다.

● 우리나라

우리나라 조선 시대 의녀

고려 시대 이전 간호에 대한 기록은 찾아보기 힘들다. 보통 여성이 집안일과 함께 가족을 돌보았을 것으로 생각한다.

조선 시대에는 유교 문화의 영향으로 여성이 아픈 경우 남성 의사에게 치료받기가 어려웠다. 이 문제를 해결하기 위해 1403년 의녀 제도를 만들어 여성의 질병을 치료하게 했다. 의녀는 진맥, 침술, 약에 대한 교육과 함께 천자문, 효경 등 기본적인 유학 교육을 받았다. 의녀는 간호사라기보다는 특수한 여성 진료인, 여성 의사에 가까웠다. 당시 의녀는 의술과 관련된 것만 아니라 여성이 저지른 범죄의 조사, 사치품 검사 등 다양한 일을 했다.

개항 이후 근대 간호사의 탄생

강화도 조약 이후 서양 선교사들이 본격적으로 들어와 서양 의학과 간호를 우리나라에 알렸다. 초기 서양식 병원인 제중원에는 의료를 보조하는 사람들이 있었고, 환자의 간호는 부속 의학교에 다니는 학생들이 담당했다.

1903년 여성을 위한 병원인 보구여관에 '간호원 양성학교'가 최초로 생겼으며, 1906년 2명의 졸업생을 배출했다. 1906년에는 세브란스 병원에 '간호부 양성소'가 창설되어 1910년 첫 졸업생이 나왔다. 이 학교는 모든 학생이 기숙사에서 엄격한 규율에 따라 서양식으로 생활해야 했다.

국립 병원인 대한의원 교육부에서는 1907년부터 간호사를 양성하고, 교육에 필요한 교재를 만들었다. 1909년에는 대한의원 부속 의학교 간호과에서 학생을 모집해서 간호에 관한 지식과 더불어 생리학,

마거릿 에드먼즈와 에스더 쉴드

마거릿 에드먼즈(1871~1945)는 미국에서 간호사 자격을 얻은 후 선교사로 1903년 우리나라에 도착했다. 도착한 해 12월 보구여관에 간호원 양성학교를 만들고 초대 교장을 맡아 간호사 교육에 헌신했다. 당시 문화적 환경에서 여성들이 남성 환자도 돌보아야 하는 간호사가 되는 것을 꺼렸기 때문에, 2년여 만에 간신히 두 명이 졸업할 정도였다. 1908년부터는 의사 남편과 함께 전라도 지역에서 의료 봉사와 선교 활동에 전념했다.

1897년 우리나라에 온 에스더 쉴즈(1868~1940)는 처음에는 제중원에서 잠시 일했고, 1906년까지 평안도 선천에서 선교 활동도 했다. 1906년 서울 세브란스 병원으로 와서 간호부 양성소를 만들고 교육에 힘썼다. 1910년 첫 졸업생을 배출한 이래 1938년까지 세브란스 병원에서 제자를 양성했다. 그녀의 제자들은 여러 병원에서 일하면서 우리나라 간호의 발전에 공헌했다.

우리나라 간호사 양성에 공헌한 마거릿 에드먼즈(대한간호협회 제공, 왼쪽)와 에스더 쉴즈(오른쪽)

해부학 등 기초 과학도 가르쳤다. 당시 대한의원은 우리나라 여성들에게 높은 수준의 전문 교육 기회를 주었다.

일제 식민지 시대의 간호사

1910년 대한 제국을 강제로 합병한 일제는 대한의원을 조선 총독부 의원으로, 부속 의학교는 조선 총독부 의원 부속 의학 강습소로 변경했다. 간호사 교육은 계속되다가 1928년 경성제국대학 의학부 부속 의원 간호부 양성과로 합쳐졌다. 선교사들이 세운 병원은 계속 활동할 수 있었고, 점점 지방에도 병원이 생겼다. 이 병원들은 '간호부 양성소'를 만들어 간호사 지망생을 가르쳤다.

일제는 1914년에 '간호부규칙'을 만들어 간호사의 자격을 법으로 정했다. 국가에서 실시하는 자격시험에 합격하거나, 총독부에서 지정하는 학교를 졸업하면 면허를 받아 간호사가 될 수 있었다. 1922년에는 자격 규정을 정식 학교에서 1년 이상 공부한 사람만 면허 시험을 치를 수 있도록 강화했다. 1931년 다시 일부 바뀌기는 했지만, 이 법은 1951년 '국민의료법'이 나오기 전까지 우리나라의 간호에 관한 법으로 효력을 발휘했다.

20세기 이후의
간호사

● 유럽과 미국

대공황과 전쟁

20세기 초에도 간호사 교육은 여전히 표준화되지 않았다. 민간 병원에서 배운 후 환자의 집에 머물면서 보살피는 간호사는 늘어났지만 병원에서 일하는 간호사는 부족했다. 20세기 초 대공황으로 미국과 유럽은 경제 사정이 아주 나빴다. 많은 간호학교가 문을 닫았고, 일자리가 줄어들어 봉급 없이 숙소와 음식만 제공해도 일하려고 하는 간호사가 늘어났다. 정부에서도 여러 가지 정책을 만들어 간호사를 지원했다.

1939년부터 1945년까지 전 세계에서 벌어진 제2차 세계 대전을 계기로 간호사라는 직업은 크게 달라졌다. 전쟁에 나가 싸우는 군인이 늘어날수록 다친 군인들을 돌보는 사람도 더 많이 필요하게 되었다. 이전까지 전쟁에서 간호사는 군대의 일부가 아니라 외부에서 돕는 사람들이었지만, 제2차 세계 대전부터는 군인으로 전투 현장에서 일하면서 정식 계급을 받았다. 이 노력을 통해 간호사는 독립적 지위를 획득하고, 전쟁이 끝난 후에도 시민들의 존경을 받게 되었다.

변화하는 간호

의료는 점점 세분화, 전문화되었다. 정맥 주사를 놓는 것 같은 이전에는 의사가 하던 진료 중 일부를 간호사가 하게 되었다. 기술과 경험이 풍부한 전문 간호사, 짧은 교육만 마친 기술이 부족한 수련 간호사, 간호와 관련된 일을 돕는 간호보조원 등 간호사도 지식과 경험, 기술 수준에 따라 여러 단계로 나뉘었다. 나라에 따라서는 간호사의 수준에 따라 다른 면허를 주기도 했다. 대학원 이상의 고등 교육을 받은 간호사는 병원 경영에 참여하거나 대학에서 학생을 가르치기도 했다.

1940년대까지 남성 간호사는 전체 간호사 중 2% 정도로 드물었다, 하지만 제2차 세계 대전이 끝난 뒤 간호사가 받는 봉급이 오르고, 일하는 환경이 좋아지고, 교육 수준도 높아지면서 남성 간호사도 늘기 시작했다.

전문 분야의 간호사

간호의 전문 분야도 등장했다. 이전까지 마음의 병을 가진 정신 질환자를 병원이라기보다는 수용소에 가까운 곳에 모아 가둬 두었다. 환자는 사슬에 묶여 있어 마음대로 다니지 못했고, 힘이 센 남성 간호사들이 이들을 감시하고 통제했다. 하지만 제2차 세계 대전 이후 정신 질환자를 수감하는 것이 아니라 치료하기 시작하면서 정신병 전문 간호사가 등장했다.

외과 수술은 마취제가 나오기 이전에는 최대한 빨리 끝내는 것이 중요했다. 이때 간호사의 중요한 역할은 환자가 움직이지 못하도록 잡는 것이었다. 하지만 마취제가 나온 후에는 얼마나 수술을 정교하게 하느냐가 중요해지고, 수술 기술도 발전했다. 이를 위해서는 수술을 전담하는 숙련된 기술을 가진 간호사가 필요해졌다. 외과 간호사들은 아예 수술 팀에 소속되어 수술을 지원했다. 19세기 후반부터 20세기 초까지는 마취를 담당하는 간호사가 있었다. 하지만 지금은 대부분의 나라에서 의사가 직접 마취를 한다.

가난한 지역을 돌면서 환자를 돌보는 공공 의료 간호사, 전문 간호사보다 더 훈련을 받고 의사의 진료를 일부 대신하는 간호사, 아이 낳는 산모를 돌보는 간호사 조산사도 생겼다. 그 외에도 간호사는 아니지만 X선 촬영 기사, 심전도, EEG, 초음파 측정 전문가, 물리 치료사, 영양사, 마사지사 등 다양한 의료 관련 직업도 새롭게 탄생했다.

● 현대 중국의 간호사

중화 인민 공화국의 수립과 간호의 격변기

전쟁 때문에 간호 교육 시스템이 무너져 있는 상태에서 1949년 중화 인민 공화국이 탄생하고 공산주의 정책과 교육 체제가 도입되었다. 전쟁의 피해를 복구하면서 조금씩 간호 시스템이 복구되어 1963년 간호사는 건강 관련 주요 10대 직업의 하나로 선정되었다. 하지만 1967년부터 몰아닥친 대규모 권력 투쟁인 문화 혁명의 파도는 간호 시스템 자체를 다시 휩쓸어 버렸다. 이 결과 기존에 존재하던 간호사 교육 기관의 절반이 사라졌다.

간호사 양성 시스템의 변화

간호사 교육 시스템은 1977년 이후 서서히 회복되기 시작했지만, 간호사가 전문직으로 자리 잡기까지 다른 나라에 비해 30여 년이 늦어졌다. 1983년에 톈진 대학교에 간호학과가 다시 생겼고, 1992년 베이징 대학교 의과 대학에 대학원 과정이 생겼다.

대학의 간호학과는 5년 과정으로 입학이 까다로웠으며, 졸업생도 많지 않아 2000년대 초까지 1년에 약 300여 명 정도가 공부를 마쳤다. 간호사의 95%는 병원에 딸린 간호학교 졸업생들이었다. 고등학교를 졸업한 후 2~3년 정도 간호학교에 다니고 나면 간호사 자격시험을 치를 수 있고, 이 시험에 합격하면 전문 간호사 면허를 받는다. 2000년 기준 중국에는 약 120만 명 정도의 간호사가 있지만, 인구 10만 명 당 간호사 수는 98.6명으로 매우 낮은 편이다. 특히 21세기 초 여러 전염병에 대한 대응에서 중국은 훈련된 간호사의 중요함을 느껴 간호사 교육 시스템을 강화하고 있다.

● 해방 이후 우리나라 간호의 발전

독립과 전쟁

1945년 해방을 맞이한 우리나라는 1948년에 정부를 수립하고 여러 의료 정책을 정비해 나갔다. 의료와 관련해서 보건부를 설립하고 간호사에 관한 제도를 개선했으며, 대한민국 육군에 간호 장교단을 만들어 군 간호 사업을 정착시켜 나갔다. 간호사들은 대한간호협회를 만들어 1949년에는 국제간호협회의 정식 회원으로 가입했다. 서울과 지방 곳곳에 보건소를 만들고, 간호사를 배치해 국민의 의료 수준을 높였다.

간호 사업과 간호 교육에 새로운 지식과 기술을 도입해서 현대적 간호 제도를 수립해 나가는 도중, 6·25전쟁으로 다시 침체와 혼란에 빠져들었다. 1950년부터 1953년까지 지속한 전쟁으로 의료도 막대한 피해를 보았다. 300여 명 이상의 간호사가 전쟁 중 죽거나 행방불명되었으며, 전체 병원의 절반 이상이 파괴되었다. 간호 교육도 대부분 중단되었지만 몇몇 학교는 부산 등지에서 학교를 운영하며 전쟁을 피해 온 환자들을 간호하기도 했다.

간호 정책과 제도를 정비

전쟁 중이었던 1951년 '국민의료법'을 만들어 의료인의 임무, 간호자 자격 제도 등을 손질했다. 1962년에는 '의료법'을 제정해서 의사, 치과의사, 한의사, 조산원, 간호원의 자격과 임무를 정리하고 제대로 된 기준을 갖추었다. 이전에는 간호학교를 졸업하면 시험을 보지 않아도 자격을 주던 제도를 폐지하고, 반드시 국가에서 시행하는 시험을 통과해야만 면허를 주었다. 1987년에는 간호원 대신 '간호사'라는 명칭을 공식적으로 사용했다.

간호사를 교육하는 학교도 차츰 정돈되었다. 해방 이전의 간호학교들이 점차 간호전문대학으로 바뀌었고, 1955년에 이화여자대학교 의과 대학에 처음으로 간호학과가 생겼으며, 1960년에는 대학원 과정도 만들어졌다.

이후 간호학과는 간호 대학으로 성장했다. 1967년에는 군 간호 업무를 체계적으로 하기 위해 육군 간호학교를 만들었다. 1970년에는 육군뿐 아닌 국군 전체의 의료를 담당한다는 뜻에서 국군 간호학교로 바뀌었고, 1980년에는 4년제 대학과 동등한 국군 간호사관학교가 되었다. 이 학교를 졸업하면 국군 간호 장교로 근무한다.

우리나라 간호사의 해외 진출

1960년대부터 우리나라 간호사는 유학, 취업, 이민 등으로 외국에 나가기 시작했다. 특히 1965년 정부는 독일(당시 통일 이전의 서독)과 협정을 맺고 1966년부터 간호사를 파견하기 시작했다. 하지만 외국으로 나가는 간호사가 늘면서 국내 간호 인력이 부족해지자, 짧은 기간 교육을 받고 간호 업무를 보조하는 간호보조원 제도를 만들었다.

1976년까지 독일에 약 1만여 명의 간호 인력을 보냈는데, 이 가운데 약 40%는 간호보조원이었다. 독일로 간 간호사와 간호보조원은 받은 월급의 절반 이상을 우리나라로 보냈고, 이 돈은 나라의 경제 발전에 크게 이바지했다.

그뿐만 아니라 이들이 배운 선진 의료, 간호 기술은 우리나라 간호학의 발전에도 크게 보탬이 되었다. 원래는 3년간 일하는 조건으로 독일에 갔지만,

19660~1970년대 독일에서 **활약한 우리 간호사** 대한간호협회 제공

간호보조원, 간호조무사

1966년 해외 진출로 부족해진 국내 간호 인력을 보충하기 위해 간호 업무를 보조하는 사람을 배출하기 시작했다. 60~70년대 중학교 졸업 이상 학력을 가진 사람이 단기간의 간호 교육 과정을 마치면 간호보조원으로 활동할 수 있었다. 1985년에는 고등학교 졸업 이상으로 자격을 강화했으며, 1988년에는 간호조무사로 이름을 바꾸었다. 지금은 고등학교 졸업 후 간호 학원을 1년 이상 다니고, 정해진 실습을 마친 후 자격시험을 통과하면 간호조무사가 될 수 있다. 특성화 고등학교에서 보건 간호를 전공한 사람도 시험을 볼 수 있다.

독일에 뿌리를 내리고 계속 사는 사람도 2천 8백여 명에 달한다.

간호의 발전

1980년대 이후 우리나라의 간호 수준은 크게 성장했다. 간호사의 학문적, 실무적 역량도 세계 수준에 도달했다. 1973년부터 부분별 간호사에서 시작하여 2000년에는 전문 간호사 제도가 탄생했고, 현재 13개 분야에 전문 간호사가 있다. 간호 활동에 대해 따로 돈을 받는 제도가 시행되어, 1988년부터는 환자가 내는 의료비에 '간호 관리료'가 정식으로 들어가서 간호사들이 한 일을 제대로 보상했다. 또한 방문 간호 제도가 활성화되어 간호사나 간호조무사가 나이가 많아 생활이 불편하고, 질병에 시달리는 노인 환자를 방문하여 치료 및 건강 관리에 대해 상담을 하고 있다.

1990년대 이후부터 간호사들이 간호 실무에 관해 본격적으로 연구하기 시작하고, 이 연구 결과를 환자 간호에 활용하면서 간호사의 역량은 더욱 커졌다. 병원에서 간호사가 차지하는 지위도 점점 올라가 2000년대에는 대형 종합 병원에 간호 담당 부원장이 생겨 병원 운영과 간호사의 관리를 맡고 있다.

오늘날과 미래의
간호사

간호사는 환자를 돌보면서 환자가 제대로 치료받을 수 있도록 돕는 역할을 한다. 미래에는 인공지능 로봇이 많은 부분 간호사의 일을 대신하겠지만 환자와 의사소통하면서 환자의 마음을 안정시키는 일은 사람만이 할 수 있다. 미래의 간호사는 단순한 돌봄이 아니라 전문적인 의료 서비스를 제공하는 전문직으로 자리 잡을 것이다.

좋은 간호사란?

간호사가 하는 일

간호사가 하는 일은 다음과 같은 과정을 거친다. 환자를 잘 살피고, 환자의 건강과 관련된 신체적, 정신적, 문화적, 사회적 자료를 수집한다. 이 자료를 바탕으로 환자가 겪고 있는 문제를 확인하고 환자의 건강을 위협하는 정도, 환자가 중요하게 여기는 정도에 따라 문제를 해결할 순서를 정하고, 방법을 찾아 계획을 세운다. 계획에 따라 실제로 간호하고 환자의 반응과 결과를 기록해 처음 의도대로 문제를 해결했는지를 평가한다. 이런 체계적인 과정을 통해 간호사는 환자의 건강이 회복되도록 돕는다.

이 밖에도 의사가 진료할 때 필요한 것을 보조하고, 간호가 필요한 사람의 건강 증진을 위해 상담하고, 교육하고, 국가가 필요로 하는 공

건강은 처음에는 신체의 튼튼함, 혹은 질병이 없는 상태를 의미했다. 16세기 무렵 생물체를 기계의 일종으로 보면서, 신체의 일부 기능이 고장 난 상태를 '질병', 질병이 없는 상태를 '건강'이라고 생각했다. 하지만 이후 신체뿐 아니라 정신적, 사회적인 환경도 건강에 크게 영향을 미친다는 것이 밝혀지면서, 이제는 병이 없거나 허약하지 않은 것뿐 아니라 신체적으로 고통과 불편이 없고 정신적으로 불안과 긴장이 없고 사회적으로 잘 적응한 편안한 상태를 '건강'이라고 한다.

공 위생 및 보건을 위한 일도 한다. 또한, 병원에서 일하는 다른 사람을 지도하기도 한다.

간호사에게 필요한 역량

신입 간호사를 지도하거나, 병원에서 간호사를 관리하는 경력이 오래된 간호사는 간호사가 되려는 사람이 갖춰야 하는 역량으로 다음과 같은 것을 꼽는다. 생명을 존중하고, 인간을 사랑하는 것은 기본이다. 다른 사람을 도와준다는 자세로 일을 적극적이고 자발적으로 해야 하며, 환자와 환자 가족과 교감하고, 동료나 다른 병원 의료진과 소통하고 협력할 수 있어야 한다. 자기 생각이나 의견을 정확히 표현할 수 있어야 한다. 환자를 돌볼 때 동시에 여러 문제가 일어나도 우선순위를 정해 침착하게 해결하는 판단력도 중요하다.

간호에 필요한 지식과 기술도 계속 익혀야 한다. 또한 정신적, 육체적으로 스트레스가 심한 직업이기 때문에 스스로 감정을 조절하고, 스트레스를 해소하는 능력이 있어야 건강하게 일할 수 있다.

간호사의 활동 분야

우리나라 간호사들이 주로 활동하고 있는 분야를 크게 나눠 보면 병원 간호사, 보건직 공무원, 교사나 교수, 간호 행정가, 간호 장교, 연구원 등이다.

우리에게 가장 친숙한 간호사는 병원, 의원 등 의료 기관에서 24시간 환자들을 돕는 병원 간호사다. 간호사 중에는 국가 보건직 공무원으로 전국의 보건소, 보건복지부나 식품의약품안전처 같은 정부 기관에서 일하면서 국가와 사회의 위생과 보건에 관한 일을 하는 사람도 있다. 보건 교사로 초, 중, 고등학교 보건실에서 일하면서 학생과 교직원의 건강 관리, 보건 교육, 응급 처치 등을 담당할 수도 있고, 대학교수로 간호학을 연구하고, 간호사를 양성하기도 한다.

큰 병원에서 간호와 관련된 조직을 관리하거나 보험 관련 공공 기관이나 보험 회사에서 진료비 청구, 심사 등 의료 보험과 관련한 여러 가지 일을 하는 간호 행정가가 될 수도 있다. 군대에서 병사들의 건강을 관리하는 간호 장교가 될 수도 있고, 의료 기관이나 공공 연구소, 기업 연구소에서 보건 의료 관련 연구원으로 일하는 간호사도 있다.

전문직으로서의 간호사

전문직이란 높은 수준의 교육을 받고, 지식과 기술을 갖춘 사람이 합리적으로 일을 하면서 사회에 공헌하는 직업이다. 전문직은 사회에서 권위를 인정받고 혜택을 받는 대신 엄격한 윤리적, 도덕적 기준을 스스로 지켜야 한다. 간호사 직업은 훈련 및 교육 기간이 길고, 특별한 지식과 기술이 필요하며, 국가에서 인정하는 자격을 얻어야 한다. 또한, 사회 구성원의 건강을 증진하는 공적인 목표를 가지고 있고, 엄격한 윤리 규정을 따르고 있어 전문직이라고 볼 수 있다.

하지만 훈련 기간이 다양하고, 혼자 일을 처리할 수 있는 자율성이 부족하고, 평생 일하기보다는 자주 직업을 바꾸는 일도 있어 완전한 전문직이 되어 가는 과정이라는 의견도 있다.

미래의 간호사

가까운 미래

간호사는 당분간 늘어날 것으로 예상한다. 평균 수명이 늘어나 노인 인구가 증가하면서 간호에 대한 수요도 늘어나고 있다. 정부에서도 노인을 위한 요양 제도와 가정 간호 서비스를 활발하게 하는 정책을 펴고 있다. 또한 경제가 발전하면서 질병의 예방과 평소 건강 관리의 중요성에 대한 관심이 커졌다.

간호 활동의 대가가 진료비에 포함되고, 간호사가 많은 병원이 더 높은 수익을 올릴 수 있게 되면서 많은 병원이 간호사를 더 뽑으려 한다. 게다가 미국, 유럽뿐 아니라 중동 지역에도 간호사가 부족해서 해외로 진출하는 간호사도 늘고 있다. 그 결과 2028년까지 간호사의 수는 매년 2% 정도씩 증가할 것으로 예측한다.

새로운 기술의 발전과 간호사

인공 지능을 비롯한 기술의 발전은 간호사 직업에도 영향을 미칠 것이다. 말을 알아듣는 인공 지능 컴퓨터는 환자와 대화하면서 필요한 간호 서비스를 제공한다. 퇴원 후 집에서 지속적인 치료가 필요한 환자를 도와주는 인공 지능 간호사도 등장했다. 이런 기술은 고령화 및 의료 인력 부족 문제에 대한 효과적인 해결책이 될 수 있어 세계적으로 주목을 받고 있다.

로봇도 간호에 이용할 수 있다. 문을 여닫고, 물건을 책상 위에 놓는 등 불편한 사람의 활동을 도와주거나, 혼자서 거동이 불편한 노인이 침대에서 휠체어로 움직일 때 도와주는 로봇, 반려동물처럼 정신적 위로를 제공하는 로봇도 있다. 앞으로도 로봇 기술과 인공 지능 기술이 결합해서 사람의 다양한 행동을 돕고 환자를 돌보는 '간호사 로봇'이 등장할 것이다.

노인을 간호하고 돌보는 로봇 간호사

인공 지능의 발전과 간호사

우리나라 연구에 따르면 간호사는 의료 관련 직업 중에서 약사 다음으로 인공 지능이 대신할 가능성이 큰 직업이다. 인공 지능과 로봇은 간호사가 하는 힘든 일을 대신 할 수 있다. 예를 들어, 환자마다 24시간 계속 옆에서 상태를 점검하고 필요한 의료 정보를 수집해서 위급한 상황을 의료진에게 알릴 수 있다. 거동이 힘든 환자를 부축하거나 환자가 걷는 것을 돕는 신체적인 힘이 필요한 일도 로봇이 대신할수 있을 것이다.

하지만 사람을 직접 대하는 일은 기술로 바꿀 수 없다. 간호사는 아픈 사람을 단지 신체적인 면뿐 아니라 정신적인 면에서도 돌본다. 환자가 간호사를 믿고 정신적으로 안정되면 치료 효과가 더욱 좋다. 이처럼 환자를 직접 대하면서 이야기를 듣고, 치료에 대한 믿음을 주고, 때로는 정서적인 안정감을 주는 일은 인공 지능과 로봇이 대신하기 힘들다. 대신 새로운 기술로 개발된 시스템은 간호사가 하는 일을 덜고, 인력이 부족한 간호사를 보완하는 좋은 도구가 될 것이다.

아픈 사람을 돌보는 헌신적인 직업, 간호사

간호사는 오랜 세월 동안 사람에 대한 사랑을 기본으로 '의무'와 '헌신'을 통해 성장한 직업이다. 그래서 오랫동안 종교의 성직자, 수도자들이 이 일을 했고, 근대 간호를 대표하는 나이팅게일도 지식보다 성품을 중요시했다. 이 때문에 간호사는 정당하게 대접받지 못했고, 때로는 일에 대한 대가를 제대로 받지 못하기도 했다.

하지만 시간이 흐르면서 간호사는 전문 직업으로 인정받고, 하는 일에 걸맞은 대우를 받기 시작했다. 단순한 돌봄에서 전문적인 의료 서비스를 제공하는 직업으로 성장한 것이다. 간호사는 앞으로 더 많이 필요해질 것이다. 인공 지능이나 로봇 기술의 발전도 간호의 본래 역할을 모두 대신하지 못한다. 아픈 사람에게 공감하고, 사랑으로 돌보는 마음 없이는 보람을 가지고 행복하게 일하기 어려운 직업이다.

어떻게 간호사가 될 수 있나요?

우리나라 간호사 현황

2019년을 기준으로 우리나라에 면허를 받은 간호사는 414,983명이고, 전문 간호사 자격을 얻은 간호사는 15,546명이다. 면허를 받은 간호사의 약 52%가 활동하고 있다. 현재 병원, 의원과 같은 의료 기관에서 일하는 사람은 약 21만 명이고, 보건소 등 정부에서 운영하는 기관에서 약 5천 4백여 명이 일한다. 노인 요양소 같은 장기요양 기관이나 집을 방문해서 노인 간호를 하는 사람은 약 3천여 명이다. 간호사 자격시험은 2020년 22,432명이 응시해서 21,582명이 합격했다. 합격률은 96%이다.

간호조무사도 많다. 현재 약 20만여 명의 간호조무사가 각종 의료기관과 보건소에서 활동하는데, 특히 규모가 작은 의원에는 간호조무사가 간호사보다 5배 정도 많다.

우리나라 인구 1,000명당 약 8명의 간호 인력(간호사 + 간호조무사)이 있다. OECD(경제협력 개발기구) 평균은 인구 1,000명당 9명으로 아직 우리나라 간호 인력의 수는 평균보다 적다. 하지만 최근 3년간 간호 인력은 계속 늘고 있다.

간호사 면허받기

일반 대학, 혹은 전문 대학의 간호학과를 졸업한 후 간호사 국가시험을 통과하면 간호사 면허증을 받을 수 있다. 이전에 전문 대학의 간호학과는 3년 과정이었지만, 간호사 교육을 하나로 만들려는 정책에 따라 지금은 거의 모든 전문 대학의 간호학과는 4년 과정으로 바뀌었고, 내용도 일반 대학과 차이가 없다. 국군 간호사관학교에 들어가 간호사 국가시험을 통과하면 졸업과 동시에 육군, 해군, 공군 소위로 임명되고, 간호 장교로 군대에서 일한다.

대학 간호학과와 국군 간호사관학교에서 교육에 관한 이론과 방법을 가르치는 과목을 정해진 기준 이상 배우면 중학교, 고등학교의 보건 교사가 될 수도 있다.

전문 간호사

간호사 중에서 3년 이상 경력이 있으면서 대학원 전문 간호사 교육 과정을 마치고 석사 학위 이상을 받은 사람은 시험을 보고 전문 간호사Advanced Practical Nurse, APN가 될 수 있다. 전문 간호사는 보건, 마취, 가정, 정신, 응급, 중환자, 아동 등 13개의 세부적인 전문 영역에서 더욱 폭넓은 지식과 기술을 쌓아 보다 높은 수준의 간호를 제공하는 간호사이다. 이들은 환자에게 자신들이 가진 전문 분야의 간호를 제공하고 교육과 상담을 한다. 현재 전문 간호사가 하는 일의 범위를 어떻게 정할지는 아직 의사와 간호사 간에 의논하는 중이다.

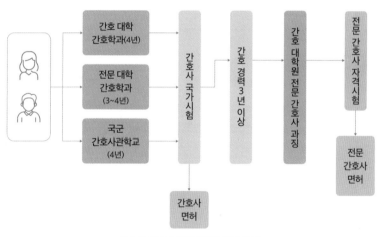

간호사 면허와 전문 간호사 자격 얻기

2부

약을 만들고
공급하는 사람, 약사

약사의 탄생

인류는 오래전부터 병을 치료하기 위해 자연으로부터 얻은 각종 약재를 이용해 약을 만들어 왔다. 선사 시대에는 신 또는 하늘로부터 벌을 받았기 때문에 아프다고 생각해서 주술사가 환자를 치료하고 약을 주었지만, 문명이 발달하면서 약에 대한 생각이 합리적으로 변했다. 병을 치료하는 각종 약재의 효능을 알아내기 시작하면서 이를 기록으로 남겼다.

선사 시대의 약사

약국과 약사

거리마다 약국을 흔히 볼 수 있다. 동네에 자주 가는 단골 약국이 있는 사람도 있다. 몸이 아프면 병원에서 치료를 받고 처방전을 받아 약국에 내면 약사가 약을 준다. 간단한 증상에 필요한 약을 사려고 약국에 갈 때도 있는데, 약사에게 증상을 설명하면 적합한 약을 골라 권해준다. 약국에서 질병을 치료하는 약뿐 아니라 비타민, 영양제 등 건강에 도움이 되는 약과 마스크, 붕대, 양치에 사용하는 구강 청결제 등 건강과 관련된 여러 가지 물건을 사기도 한다.

이처럼 약국은 우리에게 친숙한 장소이고, 약사는 일상생활에 자주 등장하는 익숙한 사람이다. 최근에는 코로나 19 전염병 유행으로 마스크 착용이 중요해지면서 전보다 더 많은 사람이 약국을 찾는다.

선사 시대의 치료와 약

고대의 화석이나 선사 시대 사람들의 유물이나 동굴에 그린 그림 등을 살펴보면 문자가 생기기 전 인류의 생활을 추측할 수 있다. 아프리카에 있는 동굴에서 발견된 8만 년 전 구석기 시대에 그려진 그림과 유럽에 있는 동굴에서 발견된 1만 5천여 년 전의 그림에 환자를 치료하는 장면이 있다.

1991년 알프스 빙하에서 5350년 전쯤에 만들어진 미라 '외치Ötzi'가 발견되었다. 빙하에서 얼어붙어 잘 보존된 데다 입고 있던 가죽옷이나 활 같은 유물도 고스란히 남아 있어 당시의 생활상을 잘 알려 준다. 외치는 허리띠를 두르고 작은 가방에 필요한 물건을 담아서 다녔

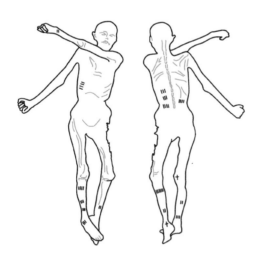

외치의 몸에 새겨진 문신들의 위치

는데, 이 가방에는 항생 물질 성분이 있는 버섯과 곰팡이가 들어 있었다. 몸에는 침acupuncture을 놓은 흔적이 있었고, 그 위에는 문신이 있었다. 이를 통해 신석기에서 초기 청동기 시대 사이의 사람들은 침술과 약초에 관해 높은 수준의 지식을 가지고 있었다는 것을 알 수 있다.

당시 아픈 환자를 치료하는 것은 주술사shaman의 몫이었다. 이들은 아픈 사람을 고치기 위해 하늘에 기도하고, 주문을 외고, 부적을 만들었다. 이렇게 해서 나쁜 영혼을 몰아내고 환자를 깨끗하게 하는 것이 주된 치료였지만, 상처를 빨아 독을 빼내고, 약초를 달인 물을 먹이거나, 심한 경우 식물에서 채집한 독poison을 이용하기도 했다. 선사 시대 주술사는 그 사회에서 가장 뛰어난 능력을 갖춘 지도자였다.

농사짓고 가축을 기르며 위생에 눈뜨다

약 1만여 년 전부터 인류는 한곳에 모여 살면서 농사를 짓고, 야생 동물을 길들여 가축으로 기르기 시작했다. 인구가 증가하고, 사회가 발전하면서 주술사도 치료에 사용할 수 있는 식물, 동물, 광물에 대한 지식이 깊어졌다. 하지만 동물과 가까이 살게 되자 사람은 천연두, 광견병, 유행성 감기 같은 이전에는 없던 질병을 동물로부터 옮았고, 사람이 동물에게 병을 옮기기도 했다. 배설물과 쓰레기로 물이 더러워져 여러 전염병이 돌았고, 이때부터 인류는 공공 위생에 관심을 두기 시작했다.

고대 문명의 탄생과
치료자들

치료자가 등장하다

큰 강 근처 농사짓기 좋은 지역에 자리 잡은 마을들은 점점 성장했다. 큰 마을이 작은 마을과 합쳐져 점점 더 커지다가, 기원전 4천여 년 전쯤에는 많은 사람이 모여 사는 도시와 그 도시를 중심으로 문명이 발전했다. 지금의 이라크 지역인 티그리스 · 유프라테스강 유역의 메소포타미아 문명, 나일강 근처에서 꽃피운 이집트 문명, 인더스강 유역의 인더스 문명, 황허강 유역의 황허 문명을 4대 문명이라고 부른다. 문명마다 서로 다른 종교와 문화, 제도가 있었지만, 모두 신에게 제사 지내는 사제가 그 사회의 지식인으로 아픈 사람을 치료했다. 이들이 사제 의사이다.

처방을 점토판에 기록한 메소포타미아인

티그리스강과 유프라테스강 사이 '비옥한 초승달'이라고 불리던 지역에서 탄생한 메소포타미아 문명을 처음 건설한 것은 수메르인이었다. 수메르인들은 설형 문자를 만들고 각종 지식을 진흙으로 만든 점토판에 새겼다.

메소포타미아인들은 '나쁜 신'은 병에 걸리게 하고, '좋은 신'은 병을 치료한다고 믿었다. 사제 의사들은 환자를 진단한 후 신에게 제사를 지내고, 환자의 몸에서 나쁜 귀신을 몰아내는 의식을 했다.

메소포타미아의 고대 유적지에서 약초와 약물의 효과를 기록한 점토판이 많이 발견된다. 이 가운데 가장 오래된 것은 기원전 2500년에 15가지 약초를 이용한 처방을 기록한 것이다. 최초의 도서관인 니네베의 도서관 유적지에서는 약물의 종류와 효과를 기록한 800여 개의 점토판이 발굴되었는데, 여기에는 식물 재료로 만든 250여 종의 약물과 광물 재료로 만든 120여 종의 약물과 효과가 쓰여 있다. 하지만 약을 만드는 재료가 얼마나 들어가는지는 기록하지 않았다.

니푸르 유적지에서 발굴된 점토판으로, 앞면에는 8가지 처방이, 뒷면에는 주문으로 치료하는 방법이 적혀 있다.

약을 만드는 표준을 정한 이집트인들

이집트인에게 질병은 신을 공경하지 않거나 죽은 영혼을 무시했거나 악마가 깃들어 우주의 조화가 깨진 것이었다. 이런 병을 치료하기 위해서는 신에게 빌고 악마를 쫓아내 다시 조화와 균형을 회복해야 했다. 병에 걸린 사람은 신전에서 사제 의사가 종교 의식과 약물을 사용해서 치료했다. 사제 의사들은 처음에는 스스로 약물을 준비했지만 차차 약을 만드는 사람을 고용하기 시작했다. 이들은 사제 의사의 처방에 따라 약을 만들고, 노예나 죄수에게 약을 먹여 효과를 시험했다.

이집트인은 약을 만드는 데 필요한 무게와 양의 표준을 정했다. 이 표준에는 현대 약과 흡사한 것들도 있었다. 약을 만드는 재료 즉 약재는 주로 이집트에서 자라는 식물이나 동물에서 얻었다. 또는 아프리카 여러 지역에 탐험대를 보내 약재를 수집하거나 인도나 중국에서 사들이기도 했다. 이렇게 모은 약재는 모두 왕실 창고에 보관했는데, 약재를 수집하거나 사고파는 일은 이후 약사의 중요한 역할이 된다.

의사가 책임지고 약을 만든 인더스 문명

인더스강 유역에 수만 명이 모여 사는 커다란 도시가 발전했고, 이 도시에는 공동 우물과 하수도, 화장실, 공동 목욕탕이 있었다. 종교 의식에 목욕이 있었기 때문에 인도인들은 몸을 자주 씻었고, 그 덕분에 위생 상태가 좋았다.

인더스 문명에서 탄생한 힌두교에서는 나쁜 업보karma 혹은 운명 때문에 질병이 생긴다고 믿었고, 병을 고치기 위해 기도를 하거나 주문을 외웠다. 치료할 때는 약물도 즐겨 사용했는데, 사람에게 친숙한 식물일수록 효과가 크다고 믿었다.

약재를 수집하고 약을 만드는 일은 반드시 의사가 책임져야 했다. 의사는 약의 효과를 높이려고 신성한 노래를 부르며 약을 만들었다. 기원전 6세기경 인도 북부 지역에서 발생한 불교가 번성하면서 인도에는 가난한 사람을 위한 병원이 많이 세워졌고, 이 병원에는 대부분 약초를 기르는 농장이 딸려 있었다. 환자의 나이에 따라 약을 다르게 지었고 가루나 액체, 기체, 알약, 연고 등 여러 형태의 약이 있었다.

음양의 기운에 따라 약을 쓴 중국

중국의 신화에 따르면 약을 처음 세상에 알린 것은 의학의 창시자인 '신농'이다. 후일 기록된 책에 따르면 "옛날 백성들은 풀을 뜯어 먹고, 나무 열매를 따 먹고, 조개의 살을 먹어 병이나 중독이 많았다. 신농이 여러 풀의 맛을 보아 먹어도 되는 것과 먹지 말아야 할 것을 가르쳤다. 하루에 70여 가지 약초를 맛보았고 여기서 의약이 시작

풀을 뜯어 맛을 보는 농사와 의학의 신 신농 ⓒWellcome Collection

되었다"라고 한다.

중국 의학에서는 우주가 음陰과 양陽의 조화로 이루어졌고, 우리 몸도 음과 양이 조화를 이루고 있다고 믿었다. 음과 양의 조화가 깨진 것이 질병이다. 약재는 음의 성질을 띤 것과 양의 성질을 띤 것이 있어서, 약을 만드는 방법과 사용하는 방법이 달랐다. 양의 기운을 띤 약초는 무더운 계절의 낮에 채집해서 열을 가해 약으로 만들었고, 음의 기운을 띤 약초는 밤에 서늘할 때 채집해서 차가운 물에 담가 약 기운을 뽑아냈다. 양의 기운이 부족해서 생기는 병에는 양의 기운을 띤 약을 쓰고, 음의 기운이 부족해서 생기는 병에는 음의 기운을 가진 약을 사용했다.

중국의 귀족이나 지식인은 약을 손수 만들었다. 귀족 집안에서는 의사가 처방하면 그에 따라 가족이 직접 약초를 구하고, 약을 달였다. 지식인들은 높은 수준의 의학 지식도 가지고 있어서 스스로 병을 진단하고 처방해 약을 만들기도 했다. 심지어 가난한 사람들도 직접 약을 만들었고, 어떤 병은 모두가 볼 수 있는 곳에 처방을 공개해서 사람들이 이를 보고 직접 약을 준비하도록 했다.

합리적 약학의
시작

약이 본격적으로 발전하는 중에 만능 해독제가 등장하기도 했다. 가벼운 병부터 중병까지 모든 병을 치료할 수 있다고 알려졌지만 사실상 효과가 없다는 것이 밝혀진 건 그리 오래 되지 않았다. 이슬람 지역에서 의학이 본격적으로 발달하면서 약사는 약국을 운영하는 전문가로 거듭났으며, 나라에서 약과 약사를 관리하기 시작했다. 동아시아에서도 의료 기관은 주로 나라에 속해 있었으며, 오랜 시간 비슷한 형태로 존재해 왔다.

그리스 · 로마의 약학

고대 그리스와 로마

그리스 사람들은 아폴론 신이 쏜 독화살에 맞으면 병에 걸린다고
생각했다. 그리스 신화에 따르면 상반신은 사람이고 하반신은 말인
켄타우로스 종족의 현명한 학자 케이론이 아스클레피오스와 아킬레
우스, 이아손, 오디세우스 등 위대한 영웅에게 약 만드는 법을 가르쳤
다. 이들 중 아스클레피오스는 의학의 신으로 받들어졌는데, 아스클
레피오스의 딸인 여신 히기에이아가 아버지를 도와 약을 만들었다.
히기에이아는 한 손에는 약을 짓는 작은 그릇을 들고, 다른 한 손에는
치료를 의미하는 뱀이 휘감고 있는 모습으로 등장하는데, 히기에이아
가 들고 있는 그릇은 약사의 상징으로 쓰인다. 지금도 미국에서는 매
년 뛰어난 약사에게 '히기에이아의 그릇the Bowl of Hygieia상'을 준다.

위생과 질병의 예방, 건강 유지를 주관하는 여신 히기에이아 조각상(왼쪽)과 히기에이아의 그릇 상징(오른쪽)

그리스에서는 약초를 찾아 채집하는 '리조토모이rhizotomoi'들이 의사들 도왔다. 리조토모이는 식물의 '뿌리를 자르는 사람'이라는 뜻이다. 길거리에서는 약장수들이 지나가는 사람들에게 여러 종류의 약을 팔았다.

모든 독을 없애는 만능 해독제

로마 시대에는 모든 독을 해독하는 만능 해독제가 유행했다. 지금의 터키 지역에 있던 나라 폰토스의 왕 미트리다테스 6세(BC135~BC63)는 독약과 독의 해로움을 없애는 해독제에 관심이 많았다. 그는 다양한 종류의 독을 동물과 죄수에게 먹인 후, 어떤 약이 독을 없애는 효과

잘 쓰면 약, 잘못 쓰면 독

약은 병을 고치기도 하지만, 동시에 너무 많은 양을 사용하거나, 잘못 사용하면 독이 되어 몸을 해친다. 그리스어로 약은 '파르마콘'이었는데, 여기에는 '약'이라는 의미와 동시에 '독'이라는 뜻도 있다. 이 단어로부터 우리가 지금 쓰는 영어 단어 '약학(Pharmacy)', '약사(Pharmacist)'가 비롯되었다.

가 있는지 직접 실험했다. 이런 실험을 통해 모든 독을 해독할 수 있는 만능 해독제인 '미트리다티움'을 만들었는데, 여기에는 야생의 꽃과 풀뿌리, 계피, 아편, 독이 있는 풀을 먹여 키운 오리의 피, 독사의 살점, 작은 도마뱀 등 70여 가지의 재료가 들어갔다고 한다.

그 후 로마 제국 네로 황제의 주치의인 안드로마쿠스가 만능 해독제의 처방을 개선했다. 만능 해독제는 독을 치료하기 위해서 만들었지만 감기와 같은 일상적인 증상부터 복잡한 질병까지 모든 증상을 다 없앨 수 있다는 명성을 얻으면서 인도, 중국을 비롯한 전 세계로 퍼져 나갔다.

만능 해독제는 19세기까지 만들어졌는데, 과학의 발전으로 별 효과가 없다는 것이 밝혀져 점점 사라졌다. 하지만 아직도 몇몇 건강 식품을 만들 때 만능 해독제 제조법의 일부를 이용하기도 한다.

약재의 성질을 정리하다

로마 군대의 외과 의사로 일했던 페다니우스 디오스코리데스(40~90)는 군대를 따라 로마 제국 여기저기를 돌아다니며 약으로 쓸 수 있는 재료를 수집하고, 효과를 연구하고, 정리했다. 그는 『약물지De Materia Medica』라는 다섯 권짜리 '약전'을 썼는데, 약으로 쓸 수 있는 600여 가지의 식물과 35종의 동물, 90여 종의 광물에 대해 기

약초에 대해 설명하는 디오스코리데스

록했다. 그가 정리한 90여 종의 물질은 지금도 약품의 재료로 쓰이고 있다. 각 약재의 이름, 나는 곳, 효과, 사용 방법과 사용량, 채취하고 보관하는 방법, 시험하는 방법 등을 자세히 기록했으며, 설명에 자세한 그림도 덧붙였다. 『약물지』는 17세기까지 유럽 약학의 기초를 제공했으며, 아랍어로도 번역되어 이슬람 의학과 약학 발전에도 영향을 미쳤다.

로마의 약사

대부분의 의사는 직접 약을 만들었다. 하지만 약을 전문적으로 만드는 사람과 독을 다루는 사람, 치료에 쓰이는 기름을 만들고 파는 사람

도 있었다. 이들은 자기 가게를 열어 약을 팔기도 했지만, 마을을 돌아다니며 장사를 하기도 했다. 만들어진 약을 사서 환자를 치료하는 의사 중에는 약을 제대로 만들었는지, 약의 성분이 무엇인지를 확인하지 않는 사람도 있어 당시 지식인들의 비난을 받았다.

서로마 제국 말기

4세기경 로마 제국에서 큰 힘을 가지게 된 기독교는 병원 등 의료 기관을 이단으로 취급해서 박해했다. 많은 기관이 문을 닫았고, 5세기

약전

서양 최초의 약전인 『약물지』

약전(pharmacopeia)은 약을 만드는 재료의 이름과 효과, 특징, 가공 방법, 보관 방법 등을 총정리한 책을 지칭하는 말이다. 고대 수메르인들의 점토판에도 약전이 기록되어 있으며, 이집트와 중국에도 약전이 있었다. 서양에서는 디오스코리데스가 쓴 『약물지』가 최초의 약전이다. 요즘은 나라마다 국가에서 공식적으로 인정한 약전이 있어서 의약품의 품질을 지키는 표준으로 쓴다. 우리나라에는 '대한민국 약전'이 있는데, 여기에는 의약품의 성질과 상태, 품질 및 저장 방법, 시험 방법 등이 자세하게 나와 있다.

약국을 나타내는 상징, 약사발과 공이

약국 간판에 흔하게 붙어 있는 그림은 약사발과 작은 공이이다. 인류는 약재를 곱게 갈기 위해 이 도구를 6천여 년 전부터 사용했다. 초기에는 돌과 나무로 만들었고, 시간이 지나면서 금속으로 만들기도 하다가 18세기 이후에는 도자기로 만든 것이 널리 쓰이고 있다. 약사발을 영어로는 'mortar'이라고 하는데, 갈기 위한 재료를 담는다는 뜻의 라틴어에서, 공이의 영어 단어 'pestle'은 손으로 갈기 위한 방망이'란 뜻의 라틴어에서 비롯되었다.

왼쪽부터 돌로 만든 선사 시대 약사발과 공이, 금속으로 만든 그리스의 약사발과 공이, 요즘 사용되는 도자기로 만든 약사발과 공이

제목 아래 있는 그림은 종종 약국의 상징으로 사용된다. 약사발의 가운데 'Rx'라는 알파벳이 쓰여 있는데, 라틴어에서 따온 낱자로, 준비한다는 뜻이다. 다른 해석도 있다. 네로 황제는 기독교인을 탄압했는데, 황제와 로마의 종교에 대한 충성을 보여 주는 의미로 의사들이 처방전에 '주피터 4'를 의미하는 약자 Rx를 쓴 것이 오늘날까지 이어졌다고도 한다.

서로마 제국의 멸망 이후 그나마 남아 있던 곳도 모두 파괴되어 의학과 약학 지식도 대부분 사라졌다. 하지만 약재를 수집하고, 제조해서 판매하던 몇몇 약사들이 제자를 가르쳐 그들의 지식을 전했다.

서로마 제국 이후에도 오랫동안 유지되었던 동로마 제국(혹은 비잔틴 제국)의 약사는 의사에게 약을 제공하는 것뿐 아니라, 의사의 치료를 받기 어려운 가난한 사람들에게 직접 약을 공급했다. 아이 낳을 때 도와주는 조산사와 마을의 나이 든 여성들은 약을 사서 자기 가족이 아프거나, 동네 여인이 아이를 낳을 때 사용했다. 이 당시의 약국은 채소나 곡물을 파는 가게와 비슷했다.

이슬람의 약학

이슬람 의학의 황금 시대

예언자 무함마드(570?~632)로부터 시작된 이슬람은 페르시아, 이집트 북부, 아프리카, 유럽의 이베리아반도에 이르는 대제국을 건설하고, 8~13세기에 전성기를 누린다. 로마 제국 멸망과 함께 사라진 그리스 · 로마의 고전 학문은 기독교의 박해를 피해 도망친 사람들에 의해 이슬람 제국에 전해졌다. 이슬람 제국은 유대인과 이집트인, 페르시아인의 학문을 흡수하고, 인도와 중국의 문물도 받아들여 과학과 문화가 크게 발전했다. 특히 화학의 발전은 근대 약학의 토대를 만들었다.

화학의 기본 개념과 이론, 제조법을 연구한 학자 자비르 이븐 하이얀(721?~815)은 '화학의 아버지'로 불리지만 '근대 의료 화학의 아버지'라는 칭호도 가지고 있다. 그는 액체를 가열해서 나오는 기체를 다시 냉각해 특정한 성분만을 뽑아내는 증류, 고체에 열을 가해 바로 기체로 변하게 하는 승화, 고체에 열을 가해 분해시키는 하소 등의 방법을 고안하고 개선했으며, 다양한 실험 도구를 발명했다. 그의 방법과 도구를 이용해서 약을 만들 때 광물을 본격적으로 쓰게 되었다.

이븐 하이얀이 쓴 책에 나오는 증류기. 왼쪽 유리병 밑에 조그만 램프가 있어 열을 가하고, 나오는 기체는 오른쪽 유리병으로 흘러가 냉각되어 다시 액체가 된다. 물질마다 끓는 점이 달라서 온도에 따라 원하는 성분만을 뽑아낼 수 있다.

이슬람 화학자들은 증류법을 이용해서 화장품의 원료가 되는 물질을 뽑아냈고, 포도주에서 알코올을 얻었다. 이슬람교도는 술을 못 마시기 때문에 알코올은 주로 약품이나 잉크를 만드는 데 이용했다.

약학의 발전

이슬람 제국의 영토가 확장되고 상인과 여행자가 모여들자 이전에는 몰랐던 식물이나 약재를 발견하게 되었다. 또한 중국에서 전해진 종이를 이용해서 세계 구석구석의 새로운 식물에 대한 기록을 자세히 남길 수 있었다. 그때까지 알고 있던 약재와 약초에 대한 지식에 새로운 지식이 더해지면서 훌륭한 책들이 세상에 등장했다.

철학자이자 수학자, 의학자이자 약학자인 알킨디(801~873)는 『드

그라디부스』라는 책에서 약리학에 수학을 적용해서 약의 강도를 계산하는 방법을 고안했는데, 이는 의학에서 정량화를 처음 시도한 것이었다. 알비루니(973~1050)는 자신의 저서인 『약학 백과』에서 약의 성질을 알려 주면서, 약국과 약사의 역할에 대해 설명했다. 그는 약사의 역할은 환자를 치료하는 의사와 약을 사고파는 약재상이 일할 수 있도록 약물을 빠르고 정확하게 만들고 관리하는 일이라고 생각했다.

이슬람 학자들은 약의 이름을 알파벳순으로 목록을 만들고 중요한 정보를 정리해서 쉽게 찾아볼 수 있는 사전처럼 만들었다. 식물학자이자 약사였던 이븐 알바이타르(1197~1248)는 북아프리카와 서남아시아를 여행하며 약초에 관한 방대한 지식을 모아 백과사전인 『약과 음식에 대한 개요』를 썼다. 이 책은 1천 4백여 가지의 식물과 그 식물의 약효를 알파벳순으로 설명했는데, 1758년 라틴어로 번역되어 유럽에 알려졌다. 유럽의 약사들은 이슬람 약학 서적에 크게 영향을 받았고, 15세기에 유럽에서 쓰인 책도 이슬람의 분류 방식을 따르고 있다.

약국과 약사

약사는 이슬람에서 최초로 독립된 직업이 되었다. 이전에는 채소나 곡식을 팔면서 약초를 추가로 팔거나, 의사를 보조해서 약을 준비하는 사람이었다. 9세기 초, 지금의 이라크 수도인 바그다드 시장에 약국이 등장했다. 이슬람의 약사는 약국을 운영하는 전문가였는데, 약사가 되려면 정해진 교육과 훈련을 받고 시험을 통과해야 했다. 시장에 문을 연 약국은 일반인에게 약을 팔았다. 정부에서 관리인을 보내 약국을 정기적으로 감독했는데, 감독관들은 약의 순도와 양이 정확한지를 검사했고, 이를 위반하는 약사는 법에 따라 처벌을 받았다. 상인들은 약국에서 만들어진 약을 여러 이슬람 제국 내 도시에 팔았고, 일부는 이슬람을 넘어 전해지기도 했다.

병원에도 약을 만드는 약국이 딸려 있었다. 여기서는 병원 의사들에게 필요한 약을 만들어 제공했을 뿐 아니라, 새로운 약물이나 질병을 치료하는 방법을 개발하기도 했다. 병원 약국에는 화학자들도 있었는데, 이들은 기존 약을 만드는 일보다는 새로운 약을 만드는 연구를 주로 했다. 몇몇 무허가 약사들은 작은 가게를 열고 향신료spices, 화장품과 함께 약을 팔았다. 약사들은 약국을 깨끗하게 유지하고, 약품을 잘 정리해 두어야 했고, 너무 이익을 탐하면 안 되었다. 친절하고, 정직하고, 사려 깊고, 인내심이 강한 것이 약사에게 필요한 자질이라고 생각했으며 "나는 환자의 고통 말고는 다른 것을 보지 않겠다"라는 윤리 규범을 만들기도 했다.

12세기, 이슬람의 약국과 약사의 모습

동아시아 약학의
발전

● 중국

본초학의 탄생

기원전 17세기 무렵 세워진 중국 상 왕조 시대의 기록에 '약'이란 글자가 등장한다. 또한 당시 유적지에서 발견된 30여 종의 식물 씨앗 중에 기침이나 변비 등에 약으로 쓰는 복숭아씨, 산앵두나무씨 등이 있었다.

상 왕조의 뒤를 이은 주 왕조에서 의사와 의료 제도가 제대로 갖추어졌다. 주 왕조의 제도를 기록한 책 『주례』에는 환자를 치료하는 데 이용하는 물질을 풀, 나무, 곤충, 광물, 곡식의 5가지 종류로 구분했다. 약재를 구하고 약을 만들어 치료하는 것은 '의사'가 하는 일이었다.

의학 지식이 풍부해지면서 식물, 동물, 광물성 약재에 관한 연구도 본격적으로 이루어졌는데 이런 약과 관련된 모든 학문을 아울러 '본초학'이라고 한다. 당시 쓰인 『산해경』이란 책에는 식물성 · 동물성 · 광물성 약재 100여 가지의 이름과 나는 곳, 채집 시기, 효과 등이 나와 있으며, 약을 '먹으면 힘이 나는 것', '임산부에게 좋은 것', '전염병을 예방하는 것', '전염병을 치료하는 것', '중독 증상을 고치는 것', '소나 말의 병을 치료하는 것', '사람을 죽일 수 있는 것' 등으로 구분해서 설명하고 있다.

약학의 발전

1세기 무렵, 중국에는 약학의 체계를 세운 『신농본초경』이 등장했다. 이 책은 한 사람이 쓴 것이 아니라 오랫동안 여러 의학자가 조금씩 덧붙이고 수정해서 만든 것이다. 식물 252종, 동물 67종, 광물 46종 총 365종의 약재를 약효가 얼마나 뛰어난지에 따라 상품, 중품, 하품으로 구분해서 설명한다.

이 책에는 약재의 이름, 산지, 효능, 채취 시기뿐 아니라 약을 만드는 법, 보관하는 법, 간단한 약물 이론까지 나와 있어서 이후 5백여 년 동안 교과서처럼 사용되었고, 약효도 대부분 정확했다.

연단술과 약 만들기

약초를 찌거나, 삶거나, 불에 굽는 등 가공하는 방법도 다양해졌다.
또한 도가 사상의 영향으로 인간 세상을 떠나 도를 닦으며 자연과 벗
해서 살아가는 신선이 되는 약을 만드는 연단술이 유행했다. 약재로
쓰이는 붉은색 광물인 주사와 수은, 유황 등을 섞은 약을 먹으면 늙지
않고 오래 살아(불로장생) 신선이 될 수 있다고 생각했다.

하지만 여기에는 수은이나 납 같은 중금속 물질이 들어 있어 오래
복용하면 건강을 크게 해쳤다. 연단술의 유행은 중국의 약 만드는 기
술을 발전시켰다.

약재 교역의 성장

3세기경 중국을 다스리던 한 왕조 시기가 되면서 약재를 사고파는 일이 본격적으로 발전했다. 한나라의 수도였던 장안(지금의 시안)은 경제의 중심지로, 중국 전역의 약재가 모이는 큰 시장이 있었다. 장안에는 왕족, 귀족, 부자들이 모여 살았고, 자연스럽게 이들을 치료하는 의사도 모여 있어서 각종 약품이 잘 팔렸고, 약을 팔아 큰 부자가 된 상인도 많았다. 서양식으로 보면 이들은 약사라기보다 약을 다루는 약종상에 가까웠다. 장안뿐 아니라 주요 도시에는 시장에 간판을 내걸고 약재가 든 호리병을 주렁주렁 매단 약재 판매상들이 있었다. 이들은 중국의 약재뿐 아니라 동남아 지역의 약재, 서양 약재도 수입해 판매했다.

의약 제도의 정비

한 왕조의 멸망 후 여러 나라가 나타났다 사라지는 혼란기를 겪는다. 그러다가 618년, 당 왕조가 들어서면서 사회가 안정되었고, 시험으로 관리를 뽑는 과거 제도가 시행되었으며, 외국과의 교류도 활발해졌다.

당나라는 약학을 매우 중요하게 여겨 본초학이 크게 발달했다. 당의 수도인 장안에는 국립 의과 대학 격인 '태의서'가 있었는데, 의학부뿐 아니라 약학부도 있었다. 약학부에 딸린 약초 농장에서 학생들은 약초를 재배하고, 거둬들여 약으로 만드는 법을 배웠다. 황실에서 사용하는 약과 태의서에서 사용하는 약을 준비하는 '상약국'에는 중국 전역에서 세금으로 바치는 약재가 모였다. 약사와 의사를 따로 구분하지 않고 의학 지식을 지닌 사람들이 약재를 관리하고 약을 만들었다.

당나라 고종 때인 659년, 이적 외 20명이 편찬한 『신수본초』가 간행되었는데, 모두 54권으로 된 이 책에는 약물 850여 종에 관한 사항이 들어 있다. 이는 국가가 간행한 세계 최초의 약전으로 본문과 그림, 도경 세 부분으로 나뉘어 있다.

수도 장안은 당시 인구가 100만에 달하는 대도시로 상업이 활발하게 이루어졌다. 장안에는 동시와 서시 두 개의 시장이 있었는데, 서시에는 약을 파는 구역이 따로 있었고 인도나 멀리 서양에서 온 약재도 팔았다. 중국 약재를 인도에 수출했고, 중국의 연단술이 이슬람 제국에 전해지기도 했다.

송 왕조의 국립 약국

당을 이은 송 왕조 때에는 과학 기술이 발전했다. 농업 기술이 발전해서 경제적으로 풍요로워졌으며, 인쇄술이 본격적으로 발달하면서 의학 서적도 널리 퍼졌다. 본초학도 그때까지 알려진 지식에 새롭게 발견된 약재와 외국에서 들어온 약재가 더해져 더욱 풍성해졌다.

974년 황제의 명령을 받고 이방(925~966) 등이 『개보중정본초』라는 본초학 책을 펴냈다. 이 책에는 938종의 약물이 실려 있는데, 송 왕조 이전의 본초학을 총정리한 것이다. 하지만 그 후 없어져 지금은 내용의 일부만 다른 책에 남아 있다.

송나라 때는 약을 만들고, 보급하는 일을 나라에서 주도했다. 약재 등 중요 상품을 관청에서 사들여서 가격을 안정시키는 정책(시역법)을 폈고, 나라에서 직접 약국을 열어 약을 만들고 팔았다.

● 우리나라

고대 기록에 등장하는 우리나라의 약

일연이 쓴 『삼국유사』에는 우리나라의 건국 신화인 '단군 신화'가 실려 있다. 3천여 명의 무리를 이끌고 하늘에서 내려와 태백산에 자리 잡고 인간 세상을 다스리는 '환웅'에게 곰과 호랑이가 인간이 되기를 빌었다. 환웅은 햇빛이 들지 않는 동굴에서 '쑥과 마늘'을 먹고 100일을 견디면 사람이 될 것이라 했다. 호랑이는 도중에 견디지 못하고 그만두었지만 곰은 21일 만에 여자가 되었다. 이때 사용된 쑥과 마늘이 우리나라의 기록에 등장하는 최초의 약으로 볼 수 있다.

중국 기록에는 중국 랴오둥반도와 산둥반도 사이의 보하이만 동쪽으로 멀리 가면 신령스러운 산이 셋(삼신산) 있는데, 이곳에 불로장생의 묘약이 있다고 전해진다. 이 산이 어딘지는 확실하지 않지만, 우리나라의 금강산이나 지리산 또는 한라산으로 보기도 한다. 중국의 황제는 불로장생의 명약을 구하기 위해 삼신산에 사람을 보냈다.

고조선 때에는 만주 지역에 살던 부족이 독을 만들어 화살촉에 발라 사냥이나 전쟁에 사용했다. 이들은 독을 끓여서 더 강력하게 만들었다고 하는데, 이것은 기본적인 약과 제조 방법에 대한 지식이 있었다는 점을 보여 준다.

불로장생의 묘약을 찾으러 떠난 서복

중국을 통일한 진시황(BC259~BC210)은 불로장생의 묘약을 찾기 위해 사방으로 신하를 보냈다. 당시 하늘을 관측하고, 점을 치는 일을 하던 서복(BC255~?)은 삼신산 중 하나인 봉래산에서 신을 만났는데 푸짐한 선물을 가져가면 불로장생의 묘약을 구할 수 있다고 진시황에게 고해서 3천 명의 남자아이와 여자아이, 그리고 많은 물건을 얻어 배를 타고 떠났지만 영영 돌아오지 않았다. 서복은 우리나라의 제주도를 거쳐 타이완 혹은 일본으로 갔다고 하는데, 확실한 증거는 없다.

진시황의 칙서를 받는 서복 서복전시관 제공

삼국 시대의 약

　삼국 시대에는 중국으로부터 의학 관련 책이 수입되었고, 불교와 함께 인도의 의학 지식도 들어왔다. 고구려는 중국과 국경이 붙어 있었기 때문에 백제나 신라보다 먼저 『신농본초경』을 비롯한 중국의 의학 책이 들어왔다. 백제에는 '약부'라는 이름의 관청이 있었는데, 아마도 약과 관련한 업무를 담당했을 것으로 본다. 또 의사와 '채약사'를 일본에 파견했는데, 채약사는 약초 채집, 관리, 유통을 담당하는 관리였을 것으로 짐작한다.

　신라는 고구려나 백제를 통해 의학, 약학 지식을 전달받아 두 나라에 비해 발전이 느렸다. 하지만 당나라와 함께 고구려와 백제를 무너뜨리고 통일 왕국을 건설한 신라는 당나라와 활발히 교류했다. 인삼과 우황 같은 우리나라 특산 약재는 중국에서도 인기가 많았고, 유학생도 많이 건너가 새로운 지식을 배워 왔다.

의사와 약사가
분리되다

중세 수도원과 약사

이슬람과 교류가 늘어나면서 의학과 약학에 관한 지식이 다시 유럽으로 들어왔다. 가톨릭 수도원과 수녀원에는 약초를 재배하는 정원이 생겨났고, 4세기 초 의학을 공부하고 환자를 돌보다가 순교한 성 다미아노를 약사의 수호성인으로 삼았다. 수도원에서 의료를 담당하는 수도자와 수녀는 디오스코리데스의 책과 이슬람에서 전해진 의학책을 번역하고 베끼면서 공부해서 약의 전문가가 되었다.

유럽 최초의 의과 대학인 살레르노 의과 대학에서는 그리스의 약학자 디오스코리데스가 쓴 『약물지』를 가르쳤고, 약 거래도 활발해졌다. 대표적인 무역 도시인 베네치아는 12세기부터 약을 사고파는 것을 정부에서 관리했다. 하지만 유럽에서는 여전히 정해진 교육을 받고 시험을 보고 정부에서 관리 감독을 받는 이슬람식 약사 체계는 들어오지 않았다.

의사와 약사의 분리

1230년대, 신성 로마 제국의 황제 프리드리히 2세(1194~1250)는 약사와 의사를 구분하도록 명령했다. 프리드리히 황제는 사람을 치료하는 의료 행위와 돈을 버는 영리 행위를 분리하고자 하는 목적으로 의사와 약사의 역할을 나눴다. 이 명령은 이탈리아 남부와 시칠리아섬에만 적용되는 것이었지만, 유럽 전역에 영향을 끼쳤다.

약사와 의사는 서로 다른 교육을 받았고, 의사는 약국을 경영하거나 공동으로 소유하지 못했다. 의학 교수는 약국에서 정해진 방법에 따라 약을 만드는지, 제값을 받는지 등을 감독했다. 명령을 어기면 재산을 몰수했고, 심한 경우 사형 선고를 내렸다. 약사들은 좋은 품질의 약을 만들 것을 맹세해야 했고, 국가에서는 약의 가격과 약국의 숫자를 정해서 마음대로 장사하지 못하게 했다. 이렇게 약국의 숫자를 제한하면서 약사의 수입은 늘어나고 사회적 지위는 높아졌다.

프리드리히 황제의 명령은 유럽 대륙의 의학과 약학 발전에 막대한 영향을 미쳤다. 대부분 유럽 대륙에서 국가가 약사를 관리하는 방법의 기초가 되었다. 그러나 유럽 대륙 밖의 영국과 영국을 뒤따른 미국의 의료계는 별로 영향을 받지 않았다.

14세기 프랑스 파리에서는 약사가 지켜야 하는 것을 보다 명확하게 했다. 약사는 1) 의사의 조언 없이 성급하게 환자에게 약을 주지 말 것 2) 의사들이 의학의 원리를 따르고 있는 한, 의사의 처방에서 마음대로 약을 빼거나 더하지 않을 것 3) 이윤만을 목적으로 약을 팔지 않을 것 등을 맹세해야 약국을 차리거나, 약사로 활동할 수 있었다. 하지만 약사는 계속 환자를 치료했기 때문에 의사와 약사의 역할은 20세기까지도 사실상 정확히 구분되지 않았다.

약사 직업의 성장

12세기부터 약사들도 다른 직업처럼 '길드'를 만들기 시작했다. 약사 길드에서는 약의 생산과 판매, 규제와 관련된 규칙을 만들었다. 초기 프랑스와 이탈리아, 독일의 주요 도시에서는 의사와 약사가 같은 길드에 속한 경우가 많았고, 약사는 의사와 같은 대접을 받았다. 대부분의 길드에서는 회원들의 교육과 시험, 자격 부여, 길드 인원의 제한 등 내부 규정을 만들어 적용했다. 독일 같은 일부 지역에서는 약사의 자격과 수를

1317년에 만들어진 두브로니크의 프란체스코 수도원 약국

11세기 무렵부터 돈 많은 상인이나 전문적인 기술을 가진 장인들이 자신의 이익과 권리를 보호하기 위해 모임을 만들었는데, 이 모임이 '길드'이다. 도시마다 상

인 길드, 염색공 길드, 석공 길드, 대장장이 길드 등 전문 영역에 따라 많은 길드가 생겨났는데, 사업권 면허를 통해 해당 지역에서 생산권이나 상권을 독점했다. 13세기에는 길드의 힘이 세져서 어떤 길드는 영주도 함부로 하지 못했다.

독일의 연철 길드를 나타내는 문양

국가에서 관리했는데, 약국을 낼 수 있다는 것은 귀중한 특권이었다. 이처럼 아무나 약국을 내지 못하자 한 집안이 대대로 약국을 운영하는 '약국 명문가'도 생겨났다.

15세기 독일에서는 정부가 비용을 들여 약국을 열고 기본적인 약품을 무료로 나눠 주었다. 여기서 일하는 약사에게 정부는 봉급과 식료품을 주었고, 각종 의무를 면제해 주었다. 이 약사 중에는 남성뿐 아니라 여성도 있었다. 여성 약사는 주로 남편이나 아버지에게 약을 만드는 법과 사고파는 법을 배웠는데, 때로는 스스로 약국을 열고 운영하기도 했다.

독일과 이탈리아, 프랑스 정부는 비슷한 시기에 독성이 있는 약을 파는 것을 제한했다. 독이 될 수 있는 약은 의사가 처방한 경우에만 팔 수 있었고 노예나 하인, 다른 지역에서 온 낯선 사람에게 팔면 안 되었다.

영국 같은 유럽의 변두리 지역에는 약사의 수가 적어 곡물, 채소, 향신료 등을 파는 다른 상인과 함께 길드를 만들었다. 이런 길드는 약을 만드는 것보다는 상거래에 집중했고, 이 지역의 약사는 유럽 대륙의 약사만큼 지위가 높지 않았다. 시골에서는 약만 팔아서는 돈을 벌 수 없기에 약사가 각종 채소나 곡물, 약품을 모두 팔았다. 대학 교육을 받은 의사는 대부분 도시에 몰려 있어서 시골에서는 약사가 환자의 치료를 담당했고, 때로는 외과 의사와 함께 진료하기도 했다.

아메리카 대륙의 발견과 영향

1492년 크리스토퍼 콜럼버스(1450~1506)가 대서양을 건너 아메리카 대륙을 발견한 이후, 유럽의 여러 나라들은 아메리카 대륙에 군대와 선교사를 보내 자신들의 식민지를 세웠는데, 여기에 가장 앞장선 나라는 스페인이었다. 스페인 출신으로 아스테카 왕국을 멸망시키고 지금의 멕시코 지역에 식민지를 세운 에르난 코르테스(1485~1547)는 1519년 아스테카 제국의 수도를 점령하고 "약으로 가득한 약국이 있는데 여기서 물약, 연고, 석고 붕대 등을 살 수 있다"라고 스페인에 알렸다. 지금의 페루 지역에 있었던 잉카 제국을 방문한 탐험가는 잉카 의사들이 유럽 의사보다 더 잘 치료하기 때문에 의사를 보낼 필요가 없다고 보고했다. 잉카 제국에는 약초를 채집하거나 농장에서 키우는 사람이 따로 있었으며 약사들이 마을을 돌면서 필요한 약을 제공했다.

아메리카 대륙으로부터 담배와 구토를 일으키는 토근, 몸을 마비시키는 쿠라레 같은 새로운 약재가 들어왔고, 이를 본 유럽의 약사들은 고대 그리스·로마의 의학 서적이나 이슬람 서적에 기록된 것이 약의 전부가 아니라는 사실을 깨닫기 시작했다. 그러면서 책에는 없는 새로운 약을 찾기 위한 연구와 실험이 활기를 띠게 되었다.

근대적 약학의
시작

병을 치료하는 데 화학 물질을 적극적으로 활용하면서 근대 약학이 본격적으로 발전하기 시작한다. 파라켈수스는 여러 물질을 직접 실험해 보면서 효과가 있는 약물을 찾았고, 이후 약학의 발전에 큰 영향을 끼친다. 유럽 대륙에서도 점차 나라에서 약과 약사를 관리하기 시작했고, 약사는 의사와 비슷한 수준으로 대접받았다. 동아시아에서는 약과 관련한 본초학이 크게 발달했으며, 약을 파는 시장이 곳곳에 생겨났다.

근대 약학의 탄생

근대 약학의 시작 파라켈수스

스위스 의사이자 연금술사인 파라켈수스(1493~1541)는 의사 집안에서 태어나 전 세계를 여행하면서 의학에 관한 지식을 얻었고, 군대에서 근무하는 외과 의사로 전쟁을 경험했다. 병을 잘 고친다는 명성을 얻은 파라켈수스는 의과 대학의 교수로 초청되기도 했지만, 고전 의학 지식을 받아들이기를 거부하고 기존의 의사와 약사들과 다퉈 대학에서 쫓겨났다. 그는 그 이후 평생한곳에 머물지 못하고 여러 도시를 떠돌았다.

현대 약학의 선구자 파라켈수스

파라켈수스는 당시 모든 의학의 교과서 격이었던 갈레노스의 이론을 거부하고 질병의 원인을 자연 현상에서 찾았으며, 병을 치료하는 데 화학 물질을 적극적으로 활용했다. 그는 자연이 질병을 일으켰기 때문에 자연에 반드시 그것을 치료하는 물질이 있으리라 생각했다. 따라서 증상에 맞는 특별한 약으로 치료할 수 있다고 주장했다. 또한 동료 연금술사들에게 평범한 광물을 금이나 은과 같은 귀금속으로 만드는 방법을 찾기보다는 새로운 약을 만드는 데 힘쓰자고 요구했다.

그는 여러 가지 물질의 실험을 통해 새로운 약물을 만들어 화학을 이용한 근대 약학의 탄생을 알렸다. 신체가 화학 물질을 받아들이는

파라켈수스의 괴상한 연금술 실험

파라켈수스의 본명은 따로 있다. 파라켈수스는 로마의 유명한 학자인 켈수스(celsus)를 뛰어넘는다(para)는 뜻의 별명이다. 연금술(alchemy)은 구리, 납 등의 금속을 금이나 은으로 만드는 방법을 연구하는 것으로, 고대 이집트에서부터 시작되었다. 이 연금술로 귀금속이 아닌 새로운 약을 만들려고 한 파라켈수스의 생각은 당시 사람들의 지식을 뛰어넘었다. 하지만 오늘날의 기준으로 보면 그의 연구에 합리적이고 과학적이지 않은 면도 많았다. 파라켈수스는 사람의 체액과 피, 말의 분비물을 40일간 함께 묻어 두면 사람과 겉모습은 같고 크기만 작은 '호문쿨루스'를 만들 수 있다고 이야기했다. 또한 달과 별의 움직임으로 사람의 운명을 점치는 점성술과 자연에 깃들어 있는 정령을 믿었다.

데는 항상 위험이 따른다. 그래서 파라켈수스는 "모든 것은 독이며, 독이 없는 것은 존재하지 않는다. 다만 독이 될지 약이 될지는 용량에 달려 있다"라는 이후 약학의 기본이 되는 유명한 말을 남겼다.

약의 대량 생산

16세기 이후 큰 약초 농장 근처, 혹은 약재를 들여오기 쉬운 항구 도시 근처에서 기계를 이용하여 약을 대량으로 만들기 시작했다. 절구와 공이를 이용해서 약재를 손으로 갈던 것이 말이 끄는 커다란 제분기로 바뀌었고, 가족끼리 약을 만들어 팔던 약국도 제약 회사로 성장했다. 이들 중 몇몇은 아직도 커다란 기업으로 남아 약을 만들고 있다.

최초의 과학 기술 기업, 머크 그룹

머크는 독일의 제약, 화학 회사이다. 1668년 독일의 다름슈타트시에서 프리드리히 메르크가 약국을 세운 이후 후손들이 물려받아 운영했고, 19세기 초에는 약 만드는 것뿐 아니라 화학 소재를 생산하기 시작했다. 현재는 우리나라를 비롯한 전 세계 66개국에 지사를 두고 직원이 5만 8천여 명에 이르는 커다란 회사가 되었다. 머크는 다양한 신약을 개발하고 있으며 모니터나 TV 화면을 만들 때 필요한 재료를 만드는 것으로도 유명하다.

머크 그룹의 로고

많은 양의 약을 만들어 판매하면서 약을 담는 도자기 병의 생산도 크게 늘어 도자기 산업도 같이 성장했다.

여러 종류의 약사

약사와 의사의 기능을 나누려는 여러 가지 노력이 있기도 했지만, 오랜 시간 약사와 의사는 서로 긴밀하게 협력하면서 일했다. 의사는 때때로 약국에서 환자를 진찰했고, 약사는 약국을 찾아온 환자에게 의사를 소개하기도 했다. 실제로 이런 협력이 효과적이었기 때문에, 의사가 약사 자격을 딸 수 있게 허락하는 지역도 있었다.

당시 약사의 위치는 의사와 수준이 비슷했고, 군대에서도 의사와 같

16세기 프랑스 리옹에 있던 한 약국의 모습

은 대접을 받았다. 프랑스, 독일, 이탈리아 같은 나라에서는 약사가 정치적으로 중요한 지위를 차지하기도 했다.

약사의 지위가 자리 잡는 과정에서 약을 만드는 일이 아니라 약을 사고파는 일을 주로 하는 사람들도 생겨났다. 이들은 약품 외에도 화장품, 건강식품, 향신료, 염료 등도 함께 팔았다.

여전히 시골 마을을 돌아다니며 마술쇼를 하거나 연극 공연을 해서 사람을 불러 모은 후 약을 파는 돌팔이 약장수들도 있었다. 이들이 파는 약은 대부분 효과가 없는 설탕물 같은 것이었지만, 어떤 약은 몸을 상하게 하기도 했다.

당시 이집트 사막에서 발견된 미라를 곱게 갈아 먹으면 병이 낫는 다는 믿음이 퍼져 있었다. 의사들도 가벼운 감기에서부터 간질 같은 심각한 병에까지 '무미야'라는 미라 가루를 처방했다. 하지만 진짜 미라로는 충분한 양의 미라 가루를 만들 수 없어서, 약장수들은 무덤을 파헤쳐 시체를 꺼내 태우고, 그 재를 미라 가루라고 속여 팔기도 했다. 미라 가루의 약효는 밝혀진 바가 없고 오히려 위 손상, 구토, 심장 통증을 일으켰으며 맛도 지독했지만 18세기까지도 사람들은 미라 가루에 열광했다.

약사 이름의 변화

영어로 약사를 'Pharmacist'라고 한다. 하지만 18세기 이전에는 'Apothecary'라는 이름을 썼는데, 왜 이름이 바뀌었을까?*

14세기부터 18세기까지 유럽의 부자들에게는 항문으로 약물을 넣어 병을 치료하거나 영양을 공급하는 '관장 요법'이 유행했다. 프랑

---

* 'Apothecary'는 약제사로 번역하기도 한다. 하지만 이 책에서는 'Pharmacist'와 'Apothecary'를 모두 약사로 쓴다.

약사가 관장하는 것을 우스꽝스럽게 그린 그림 〈Ride to Rumford〉

스의 왕 루이 13세 (1601~1643)는 1년에 312회의 관장 치료를 받을 정도였다. 관장 치료는 약사가 담당 했는데, 치료비가 비 쌌기 때문에 약사들 은 돈을 많이 벌었다.

그런데 사람들이 '관장'을 하는 약사를 웃음거리로 삼기 시작했다. 유명한 극작가 몰리 에르는 연극에서 관장을 하고 비싼 치료비를 받는 약사를 놀려 댔고, 만화나 신문 기사도 뒤를 따랐다. 'Apothecary'라는 이름이 대중의 웃 음거리가 되자 약사들은 17세기 이후부터 스스로를 'Pharmacist'로 부르기 시작했다.

하지만 유럽 대륙에서 약사의 지위는 변함없이 유지되었고, 약사는 과학, 특히 근대 화학의 발전에 큰 공헌을 했다. 요즘에도 프랑스나 독 일에서는 의학 실험을 약사가 많이 한다.

영국의 약사

영국의 약사는 대륙과 사정이 달랐다. 영국에서는 국가에서 약을 규제하지 않았고, 의사의 수도 대륙에 비해 적었다. 특히 도시가 아닌 시골 마을에서는 의사 대신 약사에게 진료를 받았고, 외과 의시가 하는 수술이나 발치도 약사가 했다. 영국의 의사들은 법에 호소해서 이를 막으려 했지만, 아플 때 의사에게 진료받지 못하고 약사를 찾는 대부분의 보통 사람들은 의사들의 주장에 반대했다. 특히 1664년부터 1666년까지 영국 런던에 흑사병이 크게 유행(런던 대역병)해서 런던 인구의 1/5이 죽었다. 당시 귀족, 부유층들과 함께 의사들도 흑사병을 피해 런던을 떠났지만, 약사는 대부분 남아 치료를 계속했다. 영국의 약사는 환자 진료를 주로 하면서 의사의 경쟁자가 되었고, 그 결과 약을 만들고 파는 사람이 줄어들어 의사들이 직접 약을 제조해야 했다.

시간이 흐르면서 약을 만드는 일과 약을 파는 일을 담당하는 사람들이 등장했다. 식료품이나 곡물, 채소를 팔던 상인들이 약을 같이 팔았고, 화학 실험에 대한 지식과 기술을 갖춘 사람들이 약을 만들었다. 약을 파는 사람들을 약종상druggist, 약을 만드는 사람을 약제사chemist라고 했다. 요즘에는 주로 화학자를 chemist라고 하지만, 영국이나 오스트레일리아에서는 약사 혹은 약국을 chemist라고 부른다.

미국의 약사

미국의 상황은 더 복잡했다. 미국은 약사에 대한 정부의 통제가 없던 데다 길드 같은 동업자 협회도 없었기 때문에 약사라는 직업은 혼란한 가운데 발전했다. 미국에서는 조금이라도 의학 지식을 갖춘 사람이 의료 활동을 했는데, 약사는 외과 의사, 치과 의사, 수의사 역할을 동시에 했고, 식료품 상점이 약초와 약품을 공급했다. 사실 진료소와 약국, 식료품점에 큰 차이가 없었으며, 사람들도 자기 집에서 갈 수 있는 곳에서 진료를 받았다. 약도 처방을 받아 짓는 것보다 이미 만들어진 약을 주로 사용했다.

약사가 되기 위한 교육의 변화

유럽에서는 약사가 되려면 우선 약사의 도제가 되어 2~5년간 배운 후에 약사의 조수로 4~10년간 일을 도왔다. 그 후 길드에서 감독하는 자격시험을 치를 수 있었고, 시험에 합격하면 '약사' 자격을 인정받았다. 시험을 시행하고 자격을 주는 과정에 의사와 정부가 참여했다.

16세기 중반 파리에서 약사가 되려는 학생들을 가르치는 모습 ⓒwellcome collection

16세기 중반부터 프랑스의 약사들은 도제들에게 강의를 듣도록 했고, 18세기 후반부터 이탈리아에서는 약사가 되려면 학교 교육을 받아야 했다. 비슷한 시기 독일에서는 약사 양성을 위한 사립 학교가 만들어졌다. 상류 계층 출신 약사들은 의과 대학에 다니면서 의사들과 함께 공부했다.

미국에서는 1821년 펜실베이니아 대학교에 최초의 약학 대학이 세워져 정식 대학 교육이 시작되었고, 영국과 유럽 대륙으로 퍼져 나갔다. 이 대학의 졸업생이 영국으로 건너가 최초로 약을 연구하는 '제약 연구소'를 만들었다.

유럽 약사의 역할

유럽 대륙의 약사들은 대학 교육을 받으며 학문적 기초가 탄탄해졌으며, 19세기가 되면 약사가 독립된 직업으로 자리 잡았다. 어떤 약사들은 과학자로서 연구를 하고, 실험을 감독했다. 약종상은 의학 교육을 받지 않았고, 대량으로 생산되는 처방이 필요 없는 약을 주로 팔았다.

하지만 영국에서는 여전히 약사가 환자를 진료했다. 당시 영국의 약사는 2등급 의사로 취급받았지만, 좋은 십안 출신 젊은이들도 의학 공부를 오래 하지 않고도 돈을 벌 수 있는 약사를 택했다. 의사는 약사가 진료하는 것을 막으려고 계속 법률 소송을 했고, 그 결과 '약사는 진료할 수 있지만, 진료의 대가로 돈을 받을 수 없다'라는 판결을 받아 냈다. 하지만 약사는 약값에 진료비를 포함했기 때문에 별 피해는 없었다.

본격적인 약학 교육이 시작되면서 영국의 약사는 자연스럽게 의사로 흡수되고 '약제사'와 '약종상'이 그 자리를 채웠다. 이들은 19세기 중반 영국 왕립 약사회를 만들고 약사 자격 기준과 면허를 만들었다.

약사에 대한 규칙을 마련한 미국

19세기까지 미국에는 약사에 대한 규칙이 별로 없었다. 미국 약사들은 영국 약사들처럼 환자를 진료하고 때로는 외과 수술도 했다. 하지만 독일이나 프랑스에서 약학을 공부하고 돌아온 약사들을 중심으로 약사가 되기 위한 과학적이고 엄격한 기준이 만들어졌고, 19세기 중반부터는 정부에서 나서서 약사를 관리하기 시작했다.

드러그스토어

우리가 쉽게 떠올리는 약국은 의사의 처방을 받아 약을 짓고 판매하는 곳이다. 이런 곳은 영어로 'Pharmacy'라고 한다. 하지만 미국이나 유럽, 일본, 호주 등지에는 약사의 처방 없이 팔 수 있는 약과 함께 간단한 음식, 음료, 화장품 등 잡화, 신문, 잡지를 파는 '드러그스토어'가 있다. 쉽게 생각하면 드러그스토어는 약국 + 잡화점인데, 우리나라 편의점 같은 드러그스토어 체인점도 많다.

미국의 드러그스토어

특이하게도 미국의 약사들은 19세기 후반부터 유행하던 코카콜라나 펩시 같은 탄산음료를 파는 일에 열중했다. 동네 약국은 탄산음료를 마시며 대화를 나누는 장소가 되었고 점차 화장품이나 음식, 잡지, 책 등을 파는 '드러그스토어'가 되었다.

상표와 특허약

19세기 후반 약의 '상표'는 보통 사람들이 약을 고르는 데 매우 중요한 역할을 했다. 당시 미국을 비롯한 많은 나라에서는 약을 대량으로 수입해서 팔았는데 일반인들은 약의 성분과 효과가 어떤지를 알 만한 지식은 없었다. 약이 믿을 만한지는 등록 상표를 보고 판단했다. 기원전부터 약사들은 자기가 만든 약에 특별한 도장을 찍어 효과를 보증했고, 유럽에서는 길드에서 상표를 관리했다. 대량 생산된 약을 신문이나 방송에서 광고할 때 상표는 약을 선택하는 중요한 기준이었다.

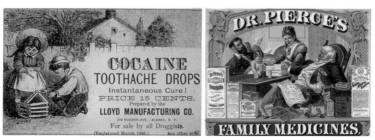

마약인 코카인 성분이 들어 있는 19세기 미국의 치통약 광고(왼쪽)와 성분을 알 수 없는 다양한 종류의 특허약 광고(오른쪽).

미국에는 '특허약'이 넘쳐났다. 특허는 새로운 발명을 한 사람에게 일정 기간 그 사람 혼자만 발명품을 만들거나 팔 수 있는 권리를 주는 제도이다. 새로운 약 제조법을 만든 사람은 특허 등록을 한 후 자신의 약을 신문이나 방송을 통해 광고했고, 사람들은 특허약이 믿을 만하다고 생각해 구매했다.

하지만 이 약들의 효과는 뚜렷하지 않았다. 약을 생산하는 사람들은 약 성분이나 효과보다는 상표 디자인이나 병의 모양, 광고 문구 등에만 신경을 썼고, 신문과 방송을 통해 광고해서 약을 많이 파는 데 더 관심을 가졌다. 알코올이나 마약 성분이 들어 있는 약도 있었는데, 회사에 편지를 보내 우편으로 약을 살 수 있어서 술집에 드나들 수 없던 여성들에게 큰 인기를 끌었다. 1906년 식품 안전에 관한 법이 만

미국 식품의약국(FDA)의 탄생

미국 기자 새뮤얼 애덤스(1871~1958)는 사회의 잘못된 점을 파헤치는 기사로 이름을 날렸다. 그는 1905년 효과를 위조하고, 나쁜 성분을 함부로 넣어 건강을 해치는 엉터리 '특허약'의 진실을 밝히는 기사를 잡지에 연재했다. 이 글을 읽은 사람들은 크게 분노했고, 미국 의회는 1906년 최초로 '식품과 의약품에 관한 법'을 만들어 모든 특허약의 성분을 밝히고, 독성 물질이 들어 있거나 가짜 상표를 붙인 식품과 약품을 단속했다. 이후 미국에서 팔리는 식품과 의약품을 검사하고 관리하는 미국 식품의약국(Food and Drug Administration, FDA)이 탄생했다.

들어지기 전까지 특허약을 만들고 파는 데 특별한 법적 제약이 없었다. 20세기가 되면서 약을 만드는 방법이 비슷해지면서 점점 약 상표와 광고는 효과가 줄어들었다.

근대 동아시아의
약학

● 중국

명 왕조의 의약학

몽골은 거대한 원 제국을 건설했지만 100여 년 만에 멸망하고, 그 뒤를 이어 명 왕조가 들어선다. 명나라는 송나라의 의료 제도를 많이 따랐다. 전국에서 바치는 약재를 관리하고 황실 가족이 필요한 약을 만드는 '어약방'이 있었고, 백성들에게 약을 보급하는 것은 '혜민약국'이 담당했다.

1578년 명나라의 의학자이자 박물학자인 이시진(1518~1593)은 35세부터 중국 전역의 의약 재료를 연구해서 책으로 정리하는 일에 평생을 바친다. 그가 죽은 지 3년 후인 1596년 세상에 나온 이 책이 『본초강목』이다. 여기에는 총 1,892종에 달하는 약재의 성질과 산지, 형태, 채취 방법, 약 만드는 법이 기록되어 있으며, 1,109장의 그림과 11,096개의 약 처방이 실려 있다. 이시진은 약재를 단순히 이름 순으로 늘어놓은 것이 아니라 '강'과 '목'으로 분류했다. 예를 들어 대나무라는 '강'을 대나무 잎, 죽순, 대나무 액, 대나무 속껍질 등의 세부적인 '목'으로 나눠 설명했고, 약의 효과도 먹어서 나는 것과 몸

『본초강목』 중 약재에 사용되는 광물을 설명한 부분 ⓒwellcome collection

에 바르거나 연기를 쐐 나는 것으로 구분했다. 『본초강목』은 우리나라와 일본의 의학과 약학에 큰 영향을 미쳤을 뿐 아니라 유럽 여러 나라에도 전해졌다. 지금도 우리나라 서점에서 『본초강목』을 쉽게 구할 수 있다.

30년 동안 『본초강목』을 쓴 이시진

명나라 말기의 뛰어난 의학자이자 과학자인 이시진은 후베이성 기주에서 태어났다. 대대로 의술을 업으로 삼는 집안에서 태어났지만 일찍이 과거 시험을 준비하다가 그만두고 의업에 종사했다.

그러다가 황제가 전국의 명의들을 태의원에 모으라는 명을 내린 뒤 각지에서 모여든 명의들과 교류하며 의학 서적을 탐독했다. 그는 태의원에서 사용하는 약물을 집 대성하는 책을 만들고자 했지만 번번이 거절당한 뒤 고 향으로 돌아와 거의 30년 동안 직접 약을 채취하고, 먹 어 보고, 뭇 백성들에게 가르침을 청하며 끊임없는 연구 를 통해 『본초강목』을 완성했다.

이시진 ⓒwellcome collection

약 전문 시장

경제 성장과 인쇄, 출판업의 발전으로 의약업도 크게 발달했다. 특 히 이전까지는 나라에서 주도했던 약재 시장이 점차 힘을 잃고 민간 이 주도하기 시작했다. 교통의 중심지에는 약재를 전문적으로 다루는 시장인 '약시'가 만들어졌다. 그중에서도 기주와 장수가 당시 중국에 서 가장 컸다. 약시는 주변에 풍부한 약재가 나는 지역이 있고, 대도시 에서 가기 편한 위치에 번성했다.

약시에서 장사하는 상인들은 역사적으로 유명한 의학자를 약왕으 로 모시고 사당을 만들어 제사 지냈다. 아픈 사람들은 이 사당을 찾아 병이 낫기를 기도했고, 환자들이 모이면서 약시는 더욱 번성했다. 약종싱들은 같은 고향 사람들끼리 모임(약방)을 만들어 정보를 나누고, 이익을 추구했다.

서양 약학의 상륙

청 왕조의 의료 제도도 송, 명과 크게 다르지 않았다. 황실을 위해 약을 짓고 약품을 만드는 '어약방'과 황실에 바친 중국 전역의 약재를 보관하는 '생약고', 군인과 백성에게 약을 나눠 주는 '약창'이 있었다.

청 왕조 때에는 특히 쉽게 쓰여 일반인도 보기 쉬운 의학책이 등장했다. 1694년 왕앙(1615~1695)은 대표적인 본초학책인 『신농본초경』과 『본초강목』에서 부분부분 떼어 내 쉽게 풀어 쓴 『본초비요』를 냈는데, 이 책은 널리 퍼졌다.

명나라 때부터 서양 여러 나라에서 들어오기 시작한 선교사와 문물 교류가 활발하게 이루어졌다. 그러면서 유럽에서는 중국에서 수입한 차와 도자기가 유럽 귀족이나 부유층에 큰 인기를 끌었다. 하지만 유럽에서는 옷감을 제외하면 중국에 특별히 팔 만한 물건이 없어 돈을 벌기가 힘들었다. 그래서 영국은 중국에 몰래 마약인 아편을 팔았는데, 아편이 중국에서 폭발적으로 퍼지면서 심각한 부작용을 일으키자 중국 정부는 아편을 몰수하고 아편 무역을 금지시켰다. 그러자 영국이 이에 반발하여 1840년 전쟁을 일으켰는데, 바로 이것이 '아편 전쟁'이다.

아편 전쟁에서 진 청나라는 홍콩을 영국에 넘겼으며 서양과 무역을 할 수 있도록 항구 도시 5개를 개방했다.

그 이후, 중국에 의사인 선교사들이 많이 방문했다. 이들은 병원을 세우고 환자를 치료하면서 자연스럽게 종교를 전파했고, 이들을 통해 서양 의학과 약학이 중국에 전해졌다.

중국 사람들도 서양 의학을 공부하기 시작했고, 외국에 유학하고 돌아오는 사람도 많았다. 전통 의학을 공부한 의사나 의학자들은 서양 의학 이론으로 중국 의학을 설명하려고 했지만 그다지 성공하지는 못했다.

● 우리나라

우리나라에서 나는 약을 활용하기 시작한 고려

고려는 기본적으로 신라의 전통을 이어받으면서 중국 송 왕조와의 교류를 통해 다양한 약재와 의학 서적을 수입했다. 한편으로는 불교가 융성해서 인도 의학의 영향도 받았다.

고려는 각 지방에 약점을 설치하고 지방 관리 1~4명을 배치해 의료 상담과 질병 치료를 했을 뿐 아니라 백성들에게 필요한 약과 약재를 팔았다. 백성들의 질병 치료를 위해 만들어진 혜민국에서는 백성들에

고려 시대 의료 기관인 상약국에서 사용한 약통(왼쪽)과 십장생 중 하나인 거북이 모양의 고려 시대 약맷돌(오른쪽) 한독의약박물관 제공

게 약을 공급했다.

고려 중기, 13세기 초부터는 점차 중국 의학책에 나온 약이 아니라 우리 땅에서 나는 약(향약)을 적극적으로 이용하기 시작했다. 중국에서 수입된 약재가 아닌, 구하기 쉬운 우리 약재로 질병을 치료하는 법을 알기 쉬운 용어로 정리한『향약구급방』을 나라에서 펴냈다. 이는 우리 전통 의학이 중국 의학과 다르게 발전하는 계기가 되었으며, 이후 조선으로 이어져 더욱 성장했다.

조선 시대 의학의 발전

고려부터 시작된 향약의 사용은 조선 시대에 계속 이어져 1433년에는 우리 약을 이용한 치료 방법을 집대성한『향약집성방』이 나온다. 특히『향약집성방』은 중국산 약재를 구하기 힘든 지방에서 환영받았다. 1448년에는 의학 지식을 모은 백과사전『의방유취』가, 1610년에는 중국 의학과 우리나라의 의학을 하나로 모은 『동의보감』이 완성되었는데, 이 두 책은 우리나라 전통 의학의 뼈대가 되었다.

1799년에는 왕실 주치의 격인 내의원 의관 강명길(1737~1801)이 임금의 명을 받고 『동의보감』에 나온 처방 중 효과가 좋고, 약재를 구하기 쉬운 것을 간추려 『제중신편』이라는 책을 펴냈다. 한자를 모르는 백성들도 알기 쉽게 하려고 약의 특징을 4글자씩 운율을 맞춘 노랫가락으로 만들어(약성가) 366수를 덧붙였다. 이 책은 민간에 널리 퍼졌으며, 청나라까지 전해졌다.

국립 약초 농장과 약국

조선에는 내의원이나 혜민서 같은 의료 기관에 딸린 약초 농장인 종약전이 있었으며, 약재의 재배를 관장하던 관리와 관아도 있었다. 종약전에서는 외국에서 약재를 들여와 키우기도 했다. 특히 중국에서 나는 감초를 우리 땅에서 키우는 데 성공했으며, 인삼도 대량으로 재배했다.

나라에서 약재를 사들여 백성들에게 공급함으로써 백성들의 편의를 돌본 국립 약국인 '생약포'를 두었는데, 때로는 중국에 가서 약재를 사 오기도 했다.

약재 시장의 발전

약재가 많이 나는 지역 중에서도 교통이 편한 위치에 약재를 전문적으로 사고파는 '약령시'가 생겼다. 약재가 많이 생산되는 경상도, 강원도, 전라도에서 교통

대구 약령시의 모습

이 편한 대구, 원주, 전주의 3개소에서 먼저 약령시가 열렸다. 이전에는 지역마다 대표적인 약재가 달라 약을 지으려면 전국을 돌아다니며 구해야 했는데, 약령시가 생기면서 한자리에서 여러 약재를 쉽고 빠르게 살 수 있었다.

이 가운데 가장 규모가 컸던 것은 1658년 대구에 생긴 대구 약령시였고, 약재가 많이 나는 봄(춘령시)과 가을(추령시) 두 번 열렸다. 약령시는 일제 강점기 때 잠시 문을 닫은 기간을 제외하고 지금까지 계속 운영되고 있다.

서양 의학의 도입과 약사 제도의 수립

1876년 일본은 운요호 사건을 계기로 조선을 압박해서 강제로 '강화도 조약'을 맺었고, 그 이후 조선에 본격적으로 서양 의학과 약학이

들어왔다. 이후 조선은 일본과 청나라, 미국 등에 사절단과 유학생을 보내 새로운 제도와 기술을 배우고, 조선의 정치와 사회 제도를 개혁했다.

1897년에 고종(1852~1919)은 대한 제국을 세우고 초대 황제로 즉위했다. 대한 제국에서는 1900년 '의사규칙'과 '약제사규칙', '약종상규칙' 같은 법률을 만들어 근대적인 약품 관리 제도를 도입한다.

이전까지 우리나라 약사는 관리로 일하는 경우를 제외하고는 특별한 자격이나 제한이 없었는데, 이 법에서 약제사는 '약국을 개설하고 약재의 진위를 판별하고 조제에 능숙한 자', 약종상은 '지방 관청의 허가를 받고 약품을 판매하는 자'라고 정했으며, 의사와 약사, 약종상의 역할도 나누었다. 하지만 의사도 환자에게 약품을 판매할 수 있도록 허가했다.

약품 제조 기술의 발달

1897년 왕실 소속 군인 장교 출신이었던 민병호(1858~1939)는 평양에 '동화약방'을 세우고, 궁중에 전해지는 약 만드는 기술과 서양 약학에 대한 지식을 동원해 '활명수'를 만들어 팔았다. 당시 약은 대부분 약재를 달여 먹어야 했는데, 활명수는 먹기 쉬운 데다 소화 불량이나 위장병에 효과가 좋아 큰 인기를 끌었고 지금도 같은 이름으로 잘 팔리고 있다.

민병호는 아들 민강(1883~1931)과 함께 동화약방을 만들었다. 동화약방의 사장 민강은 일제의 침략에 맞서 임시정부 수립을 지원하고, 조선 약학교 설립을 추진하는 등 독립운동에 앞장섰다. 1919년 3·1 만세운동에도 적극 참여했고, 상해 임시정부와 국내의 비밀 연락망을 운영하면서 활명수를 팔아 번 돈으로 독립운동 자금을 지원했다. 그는 독립운동을 하다가 두 차례 일제에 의해 감옥에 갇혔으며, 결국 감옥에서 당한 고문의 후유증으로 48세의 나이에 세상을 떠났다. 1963년 대한민국 정부는 민강에게 건국훈장 독립장을 수여했고, 그의 유해는 1966년 국립현충원에 안장되었다.

동화약방 사장이자 독립운동가인 민강 (왼쪽)과 1897년 처음 만들어진 활명수 (오른쪽)

이후 전통 약과 서양 의학을 혼합해서 약을 만드는 매약업이 크게 성장했다. 1907년 이경봉(1876~1909)은 서울에 제생당 약방을 세우고 청심보명단이라는 약을 만들었고, 국내 최초의 의약 전문지인 「중외의약신보」를 발행해 약학 발전에 이바지했다.

같은 시기 이응선(1879~1927)은 화평당 약방을 세우고 수십 종의 약품을 만들어 판매했다. 이응선은 병원을 세워 전염병이 돌 때 가난한 사람들을 무료로 치료했고, 최초의 약학 교육 기관인 조선 약학 강습소 운영에도 참여했다.

일제 식민지의 약사 제도와 약학 교육

1910년 일제는 강제로 대한 제국을 식민지로 삼고, 조선 총독부를 설치했다. 1912년 조선 총독부는 '약품영업체취령'을 만들어 약제사, 약종상, 매약업자를 나누고 각각 하는 일을 정했다. 독약이나 마약을 판매하는 것을 금지하고, 약을 제조할 때 원료, 제조 방법, 사용법, 효과 등을 정리해 경찰에 제출하고 허가를 받도록 했다. 이 법률은 1953년까지 효력이 이어졌다.

1910년 대한 제국은 나라에서 세운 '대한의원'에 부속 의학교를 세우고 여기 약학과를 만들려고 했지만 일제에게 국권을 빼앗기면서 무산되었다. 1915년에 1년제 '조선 약학 강습소'가 설립되었다. 이 학교에서는 약품과 관련된 법률, 일본 약학, 화학과 물리학, 한약 등에 대해 가르쳤는데, 강사는 대부분 일본인이었다. 이 학교 졸업생에게는 약종상 허가를 우선 내주었다.

1918년에는 조선 약학 강습소를 대신해서 2년제 조선 약학교를 만들었다. 이 학교에서는 화학, 생물학, 식물학 등 기초 과목과 약품 분석, 조제 실습 등을 가르쳤다. 1920년부터 졸업생이 나왔는데, 일본인이 대부분이었다. 이 학교는 1928년에는 다시 3년제 경성 약학 전문

학교로 바뀌고, 후에 서울
대학교 약학 대학이 된다.
1930년대 이 학교의 한 학
년 학생 120명 중 우리나
라 사람은 20명 정도였고,
교사도 대부분 일본인으로

1938년 무렵의 경성 약학 전문학교

사실상 일본인을 위한 학교였다. 졸업생은 우리나라뿐 아니라 일본
전체에서 통하는 약제사 면허를 받았다.

　1928년에는 조선 약학교를 졸업한 우리나라 약사를 중심으로 '고려
약제사회'가 만들어졌다. 이들은 제약회사에는 반드시 업무를 담당하
는 약제사가 있도록 하고, 낮은 월급을 주는 회사에는 취직하지 않도
록 독려했으며, 전문 잡지를 발간하는 등 약사의 권리와 지위 향상을
위해 노력했다.

20세기 이후의
약학과 약사

약의 제조와 판매를 엄격히 관리

20세기에 접어들면서 각 나라의 정부에서는 약을 만드는 산업(제약 산업)을 엄격하게 감독하기 시작했다. 제약회사에서 새로운 약을 만들 거나 유통 회사에서 약을 판매할 때 정해진 기준을 반드시 지켜야 한 다. 나라마다 약을 제조할 때 지켜야 하는 규칙과 약을 판매할 때 지켜 야 하는 기준이 있고, 이를 어기면 처벌받는다.

개인 약사들 또한 약국을 차릴 때와 약을 보관할 때 엄격한 규칙을 따라야 하며 의사 처방 외의 일반 약을 판매할 때도 주의를 기울여야 한다.

탈리도마이드의 부작용과 프랜시스 켈시

1954년 독일의 한 제약 회사에서 진정제와 수면제 용도로 '탈리도마이드'라는 약을 개발했다. 이 약은 임산부의 입덧에 효과가 있다고 알려지면서 전 세계에 많이 팔려 나갔다. 하지만 1960년 미국 FDA에서 약이 안전한지를 심사했던 약학자 '프랜시스 켈시'는 탈리도마이드가 위험할 수 있다고 의심해서 끝내 미국에서 파는 것을 허락하지 않았다.

얼마 후 임산부가 탈리도마이드를 먹으면 아이에게 심각한 장애를 일으킨다는 사실이 밝혀졌다. 1962년에는 유럽 대부분 국가에서 판매가 금지되었지만, 그사이 탈리도마이드 때문에 1만 2천여 명의 기형아가 태어났고, 태어나기 전에 죽은 태아도 많았다. 엄격한 심사로 미국에 이 약이 판매되는 것을 막은 프랜시스 켈시는 미국 대통령으로부터 표창을 받았고, 미국 내 가장 존경받는 여성 10명에 들기도 했다.

1962년 미국 케네디 대통령의 표창을 받는 프랜시스 켈시

약사 교육 과정의 발전

약사를 양성하는 교육 과정도 강화되었다. 대부분 국가에서는 약사가 되려면 5년 이상의 대학 교육을 받게 되었다. 약의 원리와 효과 외에도 약국을 열고 운영하는 방법에 대해서도 배운다. 여성 약사의 숫자도 빠르게 증가해서 20세기 중반에는 전체 약사의 20%를 넘어섰다.

최근에는 미국의 경우 약사의 절반 정도가 여성이며, 우리나라는 약사의 60% 이상이 여성이다.

하지만 아직 산업화와 경제 발전이 충분히 이루어지지 않은 나라나, 시골에는 허가받지 않은 약품이나 약초를 파는 사람들이 여전히 있다. 또한 서구식 약학과 약사 제도가 전 세계에 퍼졌지만, 우리나라를 비롯한 몇몇 나라에서는 전통 의학을 따르는 약사도 정식 면허를 받아 활동하고 있다.

임상 약사와 약료

1960년대 이후 약사들이 조제실을 떠나 환자와 직접 접촉하기 시작했다. 이들은 의사, 간호사와 함께 의료팀에 속해서 의사가 약을 선택하고 약의 용량과 약을 주는 기간을 정할 때 조언하고, 환자가 약을 잘 먹고 있는지 약물의 효과가 예상한 대로 나타나는지 부작용은 없는지를 살핀다. 이처럼 환자를 직접 돌보는 약사를 임상 약사라고 했다. 그 전까지 환자를 직접 돌보는 것은 의사와 간호사가 하는 일이었지만, 점차 약사들도 직접 환자를 돌봐야 한다는 목소리가 커졌고, 1990년부터 환자의 건강을 돌보기 위해 약을 짓는 것과 환자를 돌보는 것을 합친 '약료'라는 새로운 약사의 역할이 등장했다. 미국의 경우 병원의 약사는 의사와 적극적으로 의견을 나누고 약을 쓰는 데 관여하며 우리나라도 점차 '약료'가 자리 잡고 있다.

중화민국과 중화 인민 공화국

내부의 반란과 외세의 침략에 시달리던 청 왕조가 1911년 무너지고 중화민국이 설립된다. 이 시기 중화민국을 이끌던 사람들은 서양 의학으로 중국 전통 의학을 대신하려고 했다. 하지만 수천 년간 뿌리를 내리고 있던 전통 의학은 쉽게 사라지지 않았다.

공산주의 사상을 내세운 마오쩌둥(1893~1976)은 중국을 제패하기 위해 중화민국 군대와 싸웠다. 공산당의 군대인 '홍군'은 의료 시설이 부족한 어려운 환경에서 전쟁을 치러야 했다. 이들은 어쩔 수 없이 주변에서 구할 수 있는 약초와 중국 전통 의학을 이용해서 약품을 만들어 군인을 치료했고, 후방에 약초 농장을 만들어 약재를 보충했다.

결국 중화민국을 타이완으로 몰아내고 '중화 인민 공화국'을 수립한 중국 공산당은 중국 의학을 중요하게 여겨 전통을 계승, 발전시키면서 서양 의학과 협력을 강조했다. 현재 중국에는 전통 의학과 서양 의학을 결합시킨 형태의 의학도 있다.

1980년대 이후 중국은 자본주의 경제 제도를 일부 받아들여 빠르게 성장하고 있으며, 의료 제도도 크게 발전하고 있다. 약국도 현대식 시스템을 받아들여 국제적인 수준에 이르렀는데, 특히 온라인으로 의약품을 주문하고 집에서 받는 방식이 크게 성장 중이다.

● 우리나라

대한민국 정부 수립과 약사법

1945년 일제가 패망하고 우리는 나라를 되찾았으며, 1948년에는 정부를 수립했다. 하지만 남북 분단과 한국 전쟁으로 의학 분야는 다시 한번 큰 타격을 입었다.

전쟁이 끝나고 난 1953년 11월에 비로소 일제 강점기에 만들어진 법을 대신하는 대한민국 '약사법'을 만들었다. 이 법에서는 약사가 하는 일이 무엇이고 그 범위가 어디까지인지, 약사가 되기 위한 국가시험과 면허제도, 의약품의 특성과 품질을 정리한 국가 약전, 불량 의약품 방지 등 기본적인 규칙을 만들었다. 이 법을 만들면서 동시에 약사 면허증과 약국 등록 허가 등을 새롭게 만들어서 자격이 없는 약사나 허가받지 않은 약국을 정리했다.

약제사와 약사

대한 제국과 일제 강점기에 만든 법령에서 약을 전문으로 다루는 사람을 '약제사'라고 하다가, 1953년 만든 약사법에서 '약사'로 이름을 바꿔 지금까지 쓰고 있다.

약사 교육의 발전

광복 직후인 1945년 경성 약학 전문학교는 이름을 '사립 서울약학 대학'으로 바꾸고 수업을 시작했으며, 이화여자대학교에 최초로 약학 대학이 만들어졌다. 사립 서울약학대학은 1950년에 서울대학교로 합쳐졌으며, 전쟁이 끝난 후 약학 대학의 수는 점점 늘어 1950년대 13개, 1980년대에는 20개가 되었다.

2009년 이후에는 4년제로 운영되던 약학 대학이 2 + 4년제로 바뀌었고, 15개 약학 대학이 추가로 만들어졌다. 2 + 4 제도는 대학에서 다른 공부를 2년 이상 하고 난 후, 자격시험을 치르고 약학 대학에서 4년을 더 공부하는 제도다. 하지만 2022년부터 약학 대학이 다시 6년제로 변경되었다.

한약사의 탄생

1990년대까지 약국에서는 서양 약이나 전통 약(한약)을 다 팔았다. 한의사들은 이를 반대하는 목소리를 높였다. 이 결과 1994년 약시법을 바꿔 '한약사' 자격을 만들어 한약은 한약사 면허를 받은 사람만 취급할 수 있도록 했으며, 1996년부터 몇몇 약학 대학 내에 한약학과가 만들어져 한약사를 양성한다.

의약 분업 제도

의료 보험 제도가 실시되면서 국민 건강 보호를 위해 의약 분업 제도를 도입했다. 의약 분업이란 병원에서 의사가 처방전을 주면 약국에서 약사는 처방전에 따라 약을 제공하는 것이다. 이 제도가 시행되기 전에는 병원에서 환자에게 약을 지어 주었고, 약사도 병원 처방 없이 환자에게 약을 주었다.

의약 분업 제도는 1982년부터 시범적으로 운영을 시작해 오다가 2000년 7월 1일부터 전체적으로 시행했는데, 전문 의약품은 반드시 의사의 처방에 따라 약국에서 판매하게 되었다. 병원에 딸린 약국은

의약 분업, 진료는 의사가 약은 약사가

2000년 이전에는 병원에서 진료를 받으면서 약도 함께 받았다. 동네 의원에는 의사가 약을 짓거나 때로는 간호사나 다른 의료 보조원이 약을 짓는 때도 있었다. 또 약국에서도 의사의 처방전 없이 약사가 약을 지을 수 있었다. 2000년 7월부터 의사와 약사가 하는 일을 명확히 나누면서(의약 분업) 약사는 의사 처방 없이 전문 의약품을 환자에게 줄 수 없고, 병원에서는 입원 환자나 특수한 경우를 제외하고 일반 환자에게 약을 주지 않는다. 의약 분업의 초기에는 환자가 병원과 약국 두 군데를 들러야 해서 불만이 있었지만, 의사는 좀 더 주의해서 처방하고, 약사는 처방을 다시 검토해서 의약품을 보다 안전하고 합리적으로 사용하게 함으로써 국민 건강 향상에 이바지했다.

특별한 경우를 제외하고 입원 환자만을 위한 약을 준비해야 한다.

어떤 약을 전문 의약품으로 할지는 정부의 '식품 의약품 안전처'에서 정한다. 의약 분업 초기에는 의사, 약사, 환자 모두 불만이 있었지만, 지금은 자리 잡아 국민 건강의 증진과 의료 보험에 들어가는 비용을 줄여 주는 역할을 하고 있다.

제약 산업의 발전

1960년대부터 우리나라의 제약 기술도 본격적으로 발전했다. 1962년부터 국내에서 최초로 항생제를 만들기 시작했고, 1999년에는 처음 신약 개발에 성공했다. 2000년대에 들어오면서 우리나라 신약이 외국에서도 효과와 안정성을 인정받기 시작했다. 2003년에는 미국 식품의약국으로부터 신약 승인을 받았고, 2006년에는 유럽에 판매할 수 있는 허가를 받은 약도 탄생했다. 그뿐만 아니라 신약을 만드는 기술도 수출하기 시작하는 등 국제적인 수준의 약 만드는 기술을 가지게 되었다.

오늘날과 미래의
약사

약학을 공부해 약사가 되면 약국에서 약을 짓고 약을 제대로 복용할 수 있도록 돕는다. 이밖에도 신약을 개발하는 과학자로, 또는 약의 생산과 보관을 관리하는 공무원으로도 일할 수도 있다. 약사는 특히 환자가 제대로 약을 복용할 수 있도록 환자의 상태를 정확히 이해하고 의사소통할 수 있어야 한다. 미래에는 약을 짓는 단순한 일은 로봇으로 많은 부분 대체되는 대신, 환자와 직접 대면하고 소통하는 일에 더 집중할 수 있게 될 것이다.

좋은 약사란?

약사가 하는 일

약사는 약을 만들고, 보관하고, 필요한 사람에게 제공하고(투약), 사용하는 것을 돕는다.

약을 만드는 일은 두 종류로 나눌 수 있다. 하나는 지금까지 없던 새로운 약(신약)을 만드는 일이다. 이 일은 매우 어렵고 시간이 오래 걸린다. 약사는 의학자, 화학자, 생물학자 등 다른 과학자들과 함께 연구와 실험을 통해 신약을 개발한다. 다른 하나는 이미 있는 약을 만드는 것이다. 약사는 약이 효과를 잘 내도록 제대로 만들어지는지, 혹시 해로운 성분이 들어가지 않는지를 약 만드는 과정마다 감독한다.

또한 이미 만들어진 약품에 문제가 생기지 않도록 보관하는 일도 약사의 일이다. 어떤 약은 보관에 필요한 온도, 습도 등을 잘 지켜야 효과가 난다. 약사는 이렇게 보관한 약을 필요한 사람에게 제공한다.

우리나라의 약은 크게 일반 의약품과 전문 의약품으로 나뉜다. '일반 의약품'은 의사의 처방 없이도 약국에서 약사에게 물어보고 구할 수 있는 약이다. 해열제, 소화제, 영양제, 비타민 등의 일반 의약품은 간단한 증상을 완화하거나 평소 건강을 유지하는 데 사용한다. '전문 의약품'은 잘못 사용하면 우리 몸에 피해를 줄 수 있는 약으로, 반드시 의사의 처방으로만 구할 수 있다. 약사는 일반 의약품은 환자의 증상을 물어본 후 적절한 약을 제공하고, 전문 의약품은 의사의 처방에 따라 환자에게 제공한다.

약사는 약을 줄 때 반드시 약의 이름과 사용법, 보관하는 법, 기대 효과, 부작용과 부작용을 막는 법, 부작용이 생겼을 때 대처하는 법 등을 자세히 설명해야 한다. 다른 약과 함께 사용할 때나 음식을 먹을 때 주의할 점도 알려 준다. 이렇게 약을 제대로 사용하도록 돕는 일을 '복약 지도'라고 한다. 약 외에도 마스크, 붕대 등 의료와 관련된 제품도 제공한다. 약을 준 이후에도 약을 사용한 사람에게 때때로 연락해서 약이 효과가 있는지 부작용은 없는지를 알아보고, 문제가 있으면 담당 의사에게 알려 대처하도록 한다. 우리나라 법에는 약사가 하는 일을 '의약품, 의약외품(붕대, 마스크 등)의 제조, 조제, 감정, 보관, 수입, 판매와 그 외 약학 기술 관련한 일'로 정해 두고 있다.

약사가 일하는 곳

약사는 스스로 약국을 차리거나, 다른 사람의 약국에서 월급을 받으며 일한다. 약국에서는 병원 처방에 따라 약을 짓거나 일반 약을 팔고, 복약 지도를 하고, 건강과 관련된 상담을 한다. 약사의 일 중 하나는 의약품을 판매하는 것이기 때문에 의약품 구매 및 재고 관리, 건강 보험 관련 업무 등 약국 운영과 관련된 일도 한다.

병원 약국에서 일하는 약사도 있다. 병원 약국은 병원에 입원한 환자의 처방 내용을 확인하고, 필요한 약을 준비하는 일을 주로 한다. 입원하지 않고 집에서 병원에 다니는 외래 환자의 약은 지을 수 없지만 응급 환자나 야간 진료 환자, 전염병 환자, 장애인 등 특별한 경우에는 외래 환자라도 약을 제공한다. 그 외에도 의사, 간호사들에게 약에 관한 정보를 알려 주고, 복약 지도를 하고, 약에 부작용이 있는지 살피고, 병원의 의약품을 관리하는 일도 한다.

약사는 보건복지부, 식품의약품 안전청 등 국가 기관에서 공무원으로 근무하면서 약의 생산과 유통을 관리하고, 국민 보건에 필요한 정책을 만들기도 한다.

또 제약 회사나 화장품 회사 같은 민간 기업에서 일하는 약사도 있다. 이들은 신약 개발 연구와 약의 안정성과 효용성에 관한 시험을 하고, 약을 만드는 과정에서 '의약품 제조와 품질 관리에 대한 기준'에 따라 감독해서 약품의 품질과 안정성을 보장한다. 의약품을 유통하는 도매업체에도 약사가 있다. 의약품을 사고팔기 위해서는 나라에서 만든 '의약품 유통 관리 기준'을 따라야 하는데, 품질 관리는 반드시 약사가 책임진다.

또한 약사는 대학원 과정 이상을 공부해서 국·공립 연구소 혹은 민간 연구소에서 약학을 연구하는 연구원으로 일하거나 대학에서 약학을 연구하고 학생을 가르치는 교수가 될 수도 있다.

환자가 생각하는 좋은 약사

환자들은 친절하고 믿을 만한 약사를 좋은 약사로 꼽는다. 몸이 아파 병원을 찾고, 약국을 찾는 환자는 대부분 건강에 대해 걱정이 많고, 마음이 불안하다. 이 때문에 자연스럽게 자기 건강과 질병에 대해 정확한 정보를 얻고 싶어 하지만, 일반인들은 병원이나 약국에서 사용하는 용어를 이해하기 어렵다. 그래서 의사의 처방대로 정확히 약을 준비할 뿐만 아니라 환자의 건강과 질병 그리고 약에 관해 친절하게 설명하며, 환자 스스로 판단하기 어려운 문제를 함께 판단해 주는 약사를 훌륭하게 생각한다.

좋은 약사의 자질

이전까지 환자는 수동적으로 의료진의 지시를 따라야 한다고 생각했다. 하지만 요즘은 환자의 특성과 개인적인 선호, 가족 상황, 생활양식 등을 모두 고려해서 치료하는 환자 중심의 진료가 널리 퍼졌다. 환자 중심으로 치료하기 위해서 약사는 환자에게 초점을 맞추고, 환자의 처지를 이해하고, 환자에게 꼭 필요한 것을 제공해서 환자가 적극적으로 치료에 참여하도록 해야 한다.

선배 약사, 의사와 간호사 등은 좋은 약사가 갖춰야 하는 자질로 전문 지식, 배려, 친밀함과 친숙함, 정확성, 소통 능력, 세심함을 들었다. 좋은 약사는 약학, 의학, 생물학 등 관련 분야의 전문 지식을 가지고 있어, 환자의 질병 상태, 건강 상태, 이전에 어떤 약을 사용했는지에 따라 효과적으로 약을 쓰도록 도와줄 수 있어야 한다. 환자의 아픔을 내 아픔으로 느끼고 건강을 회복하게 해 주려는 배려가 필요하고, 환자를 자기 가족이나 친구처럼 친밀하고 친숙하게 대해야 한다. 약물과 관련된 정보를 환자나 환자 가족, 의사나 간호사, 동료 약사에게 정확하게 전달해야 하고, 환자가 하는 이야기를 잘 들어 환자의 상태를 이해하고, 도움을 줄 수 있는 정보를 쉽게 알려 줄 수 있는 소통 능력도 중요하다.

환자는 자신의 상태를 정확히 표현하지 못한다. 많은 환자가 약을 정해 준 대로 먹지 않고, 부작용이 생겨도 그 이유를 알지 못하고, 때로는 왜 약을 먹어야 하는지도 알지 못한다. 좋은 약사는 환자를 세심하게 관찰해서 올바른 약을 사용하도록 돕고, 필요한 경우 의사에게 상담을 권할 수 있어야 한다.

과학 기술의 발달과
미래의 약사

4차 산업 혁명

요즘을 4차 산업 혁명 시대라고 한다. 인공 지능과 로봇 기술이 발달해서 사람을 보조하는 것을 넘어 어떤 일은 사람보다 더 잘한다. 사람이 운전하지 않아도 되는 무인 자동차, 설계도만 넣으면 원하는 물건을 만들어 주는 3D프린터가 등장했고, 체중계나 신발, 옷, 창문 등에도 인터넷이 연결되어 정보를 주고받을 수 있게 되었다. 이런 변화를 다 합해 4차 산업 혁명이라고 부르는데, 산업 혁명이라는 말을 쓰는 이유는 과학과 기술의 발전이 사회와 경제, 문화 등 사람이 살아가는 모습을 크게 바꾸리라 생각하기 때문이다.

의료 환경의 변화

인공 지능의 발전으로 실제 의료에 활용할 수 있는 기술이 등장했다. IBM의 인공 지능 프로그램인 왓슨Watson은 각종

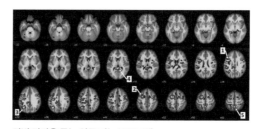

질병 진단을 돕는 인공 지능 프로그램

질병을 정확히 진단한다. X선, MRI, CT 등으로 몸속을 영상으로 만든 다음 질병을 찾아내는 분야에서는 인공 지능이 사람이 눈으로 보고 판단하는 것보다 더 정확하다. 인공 지능을 이용해서 심장의 활동, 혈압이나 혈당과 같은 신체의 변화를 분석하고, 위험한 상태가 오기 전에 예측한다.

인공 지능과 데이터 분석 기술은 매우 빠른 속도로 발전하고 있어서 앞으로는 더 뛰어난 능력을 보여 주고, 다양한 분야에 활용할 수 있을 것이다.

전염병의 유행

전 세계가 신종 코로나바이러스 감염증(코로나 19)의 대유행으로 고통받았다. 사람의 이동이 크게 줄고 이전처럼 여럿이 어울리며 생활하기 힘든 상황이 계속되었다. 전염병의 유행이 쉽게 끝나지 않을 것

이라는 예측에 따라 예방을 위한 백신 접종, 새로운 치료제의 개발, 전염병에 걸린 사람을 진단하고 격리하고 치료하는 것이 가장 중요한 사회의 문제가 되었으며 나라에서 질병을 관리하는 역할이 커졌다. 또한 마스크 등 필요한 의료 관련 제품을 어떻게 빠르게 사람들에게 제공하는지도 매우 중요해졌다.

가까운 미래의 약사

최근에는 수명은 크게 늘어나고 새로 태어나는 아이는 줄어들면서 국민의 평균 나이는 많아지는 인구의 고령화가 급격하게 진행되고 있으며, 경제 발전으로 인한 국민 소득은 늘어나고 있다. 과학 기술의 발달로 새로운 약을 계속 만들고, 식품과 약품이 안전한지에 관한 국민의 관심이 커졌다. 이런 변화로 더욱 많은 약사가 필요해지고 있다. 환자에게 약품을 제공하며 복용 방법을 알려 주는 복약 지도는 필수가 되었고, 환자 중심의 서비스가 널리 퍼지면서 약사의 역할은 더욱 중요해지고 있다.

또한 병원이나 약국 외에도 제약회사나 식품회사에서 연구 및 개발, 약품의 시험 관리, 그리고 국가 기관에서 의약품이나 식품 등의 안전을 관리하고 필요한 정책을 만드는 데도 더 많은 약사가 필요하다. 이를 바탕으로 정부에서도 2023년부터 2028년까지 약사는 매년 평균 1.6% 정도 늘어날 것으로 예상한다.

약사 직업을 위협하는 기술의 발전

하지만 미래에 '약사'라는 직업이 사라질 것으로 예측하는 연구가 많다. 우리나라에서도 약사의 68%가 인공 지능이나 로봇 기술로 사라질 것이며, 2030년에는 약사나 한약사가 하는 일의 84%를 로봇이 대신할 것으로 보기도 했다. 인공 지능을 가진 로봇은 사람보다 정확하고 빠르게 처방전에 따른 약을 준비할 수 있고, 의약품과 관련된 정보도 무제한으로 가지고 있을 수 있어, 더는 약사가 할 일이 없어진다는 것이다.

벌써 여러 병원에서 로봇을 이용해 약을 준비하고 있다. 우리나라 병원에서도 로봇 한 대가 약사 두 명분의 일을 할 수 있고, 약을 부정확하게 만드는 비율도 매우 낮다는 결과가 있다. 특히 응급실 등 사람 손이 부족한 곳에서는 여러 기계가 유용하게 사용된다. 얼마 지나지 않아 병원뿐 아니라 동네 약국에도 자동 로봇이 약을 지어 주게 될 것이다.

약사 직업의 미래

미래를 예측하는 사람들은 단순히 같은 일을 반복하는 특성을 가진 직업은 빠르게 사라질 것으로 본다. 하지만 사람을 직접 만나서 해야 하는 일, 경험과 판단력이 필요한 일, 창의성을 발휘해야 하는 일은 기술로 대체하기 힘들다. 또 인공 지능이나 로봇이 사람의 직업을 뺏는 것이 아니라 사람이 더 잘 일할 수 있도록 돕는 도구로 활용할 수 있다. 단순하고 지겨운 일을 기계가 대신하면 할수록 사람은 더욱 중요한 일에 집중할 수 있다.

단순히 처방전에 따라 약을 짓고, 약 정보를 관리하는 것 같은 반복적인 일과 데이터 분석 같은 일은 인공 지능과 로봇에 맡기고, 친절하게 약을 사용하는 방법을 가르쳐 주고, 시간을 들여 환자의 특성을 이해해서 효과적이고 부작용 없이 약을 사용하게 해서 환자 중심의 의료를 실천할 수 있다.

약사는 의약품에 관한 전문 지식을 단순히 전달하는 것이 아니라 환자와 직접 대면하고 소통, 공감해야 한다. 그래서 환자의 건강을 관리하고, 생활 습관이나 건강 상담에 관련한 조언을 해 주는 상담사 역할을 제대로 할 수 있어야 기술 발전에도 불구하고 약사의 가치는 높아질 것이다. 이를 위해서는 약사도 새로운 기술, 특히 정보 통신과 관련한 기술 발전을 이해하고, 기술을 직접 이용할 수 있는 능력을 갖춰야 한다.

약사, 기나긴 전통을 이어받은 직업

인류는 수만 년 전부터 약을 사용해서 병을 치료했다. 처음에는 치료하는 사람이 약을 준비했지만, 차차 특별히 약을 준비하는 '약사'가 따로 생겨났다. 약사는 약을 만드는 일과 약이 필요한 사람에게 공급하는 일을 하면서 동시에 의사처럼 환자 치료도 했다. 19세기 이후에야 환자를 치료하는 의사의 역할과 약을 짓고 판매하는 약사의 역할이 분명히 나뉘었다.

과학과 산업이 발전하면서 거대한 기업에서 약을 대량으로 만들고 일반인들도 쉽게 구할 수 있게 되었다. 그래서 국가는 국민의 건강을 돌보기 위해 약의 생산과 판매를 엄격히 감독하고 있다. 약사는 의료의 가장 앞줄에서 국민 건강을 지키고 있으며, 첨단 연구를 통해 인류의 질병을 해결하는 새로운 약을 개발하는 데 앞장선다.

앞으로는 약을 제조하는 단순한 업무는 인공 지능이나 로봇 기술에 맡기는 대신 약사가 환자를 이해하고, 환자와 신뢰를 쌓고, 환자마다 꼭 맞게 건강을 돌보는 일이 중요해질 것이다.

·부록·

어떻게 약사가 될 수 있나요?

약사와 한약사 직업의 현재

보건이나 의료 분야에서 일하는 다른 직업과 비교해 보면 약사의 수입은 의사, 한의사보다는 낮고 간호사보다 높다. 하지만 일주일에 일하는 시간은 54시간으로 길고, 이직률도 높은 편이다. 약사들은 업무량이 많고, 특히 자기 약국을 연 사람들에게는 비용 청구, 직원 관리 등 사업과 관련된 일도 고민거리다. 또 혼자 약국을 운영하는 경우가 많아서 개인 사정이 있을 때도 어려움을 느낀다고 한다.

한약사는 월 평균 수입이 약사에 비해 낮지만, 근무 시간은 평균 41시간으로 짧다. 한약사는 다른 보건, 의료 직업과의 관계를 가장 어려워하며, 하는 일에 비해 소득이 낮다고 스스로 평가한다.

약사 직업에 대한 평가와 만족도

사람들이 '약사'가 사회적으로 가치가 있는 직업이라고 생각한다. 우리가 어떤 직업을 얼마나 높이 평가하는지를 사회적 지위, 수입, 사회에 이바지하는 정도로 평가한 것을 '직업 위세'라고 하는데, 약사의 직업 위세는 1990년대부터 상위 10등 안에 든다.

지금 약사로 일하는 사람들이 직업에 대해 얼마나 만족하는지를 알아 보면, 만족도가 높은 순서대로 3등 안에 든다. 즉 약사는 다른 사람이 볼 때 좋은 직업이고, 자신도 만족하는 직업이다.

약사와 약국

2019년 기준 면허를 얻은 약사는 70,904명인데 이 중 25,071명은 남성이며 45,833명은 여성으로 남성과 여성 비율은 3.5:6.5 정도로 여성이 많다. 한약사는 2,694명이며 남성이 1,605명, 여성이 1,044명으로 남성이 많다.

약사 중 병상이 30개 이상인 병원과 치과 병원, 전통 의료인 한의학으로 환자를 치료하는 한방 병원 등에서 일하는 사람은 6,783명이고 동네에서 쉽게 찾을 수 있는 작은 규모의 의원급 이하는 86명이다. 규모가 작은 의료 기관에서는 약사를 거의 뽑지 않는다. 보건소 등 국가에서 운영하는 기관에서 일하는 약사는 156명이다. 2020년을 기준으로 약 32,404명의 약사와 한약사가 23,359개 약국에서 일하고 있는데,

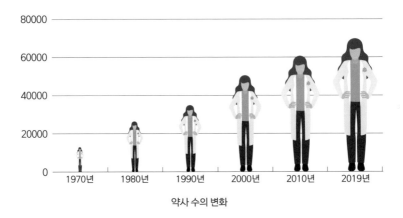

(단위:명)

연도	1970년	1980년	1990년	2000년	2010년	2019년
약사 수	14,648	24,366	37,118	50,623	60,956	70,904

약사 수의 변화

약국 한 곳당 1.39명꼴이다.

약사 국가시험에는 2019년 2,106명이 응시해서 1,896명이 합격했는데, 합격률은 90%이다. 한약사는 122명이 시험을 치러 99명이 합격했으며, 합격률은 81%이다.

약사 면허 받기

약학은 질병의 치료 및 예방, 진단을 위한 의약품을 개발하고, 사용하는 데 필요한 학문적 지식과 기술을 연구하고 개발하는 학문이다. 약사가 되기 위해서는 국가에서 지정한 학교에서 일정 기간 약학을 공부하고, 시험을 통과해서 면허를 받아야 한다. 마찬가지로 한약을 다루는 약사인 한약사는 대학에서 한약학과를 졸업하고 시험을 통과해야 한다.

약사 면허를 받기 위한 시험을 볼 수 있는 자격을 얻으려면 먼저 약학 대학에 들어가 학사 학위를 받아야 한다. 2021년 대학 입학생까지는 약학 대학에 입학하기 위해서는 일반대학을 2년 이상 다닌 후 약학대학입문자격시험Pharmacy Education Eligibility Test, PEET을 보았다. 수학능력시험처럼 PEET 시험 점수를 받은 후 원하는 약학 대학에 지원서를 내면, 학교마다 평가 기준에 따라 입학을 허가했다.

2022년부터 약학 대학은 6년제로 바뀌어, 처음부터 약학 대학에 들

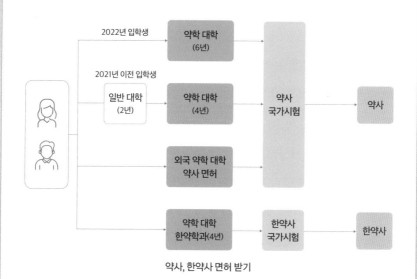

약사, 한약사 면허 받기

어가 6년을 공부해야 졸업할 수 있다. 약학 대학을 졸업한 사람은 '약사 국가시험'을 치를 수 있는데, 이 시험을 통과하면 약사 면허를 준다. 나라에서 인정하는 외국 약학 대학을 졸업하고, 약사 면허를 받은 사람도 시험을 치를 수 있다.

전공 약사, 전문 약사, 임상 약사

국가에서 관리하는 자격은 아니지만, 병원에서는 1년간 특정 분야의 훈련을 받으면 '전공 약사'로 인정해 준다. 하지만 이 제도는 우리나라 대형 병원 몇 군데에만 있고, 그 병원에 취직한 약사만을 대상으로 한다. 다른 병원으로 옮기거나 약국을 차리거나 혹은 다른 곳에 취직하는 경우에 인정되지는 않는다.

병원에 취직한 약사들이 만든 '병원 약사회'에서는 '전문 약사'라는 제도를 운용하는데, 분야마다 정해진 교육을 받은 후 시험을 통과하면 자격을 얻는다. 아직 널리 인정받고 있지 못하지만, 병원 약사회에서는 전문 약사 자격을 따도록 권장한다.

의료팀에 속해 의사, 간호사와 함께 환자를 보는 '임상 약사'도 있다. 임상 약사는 특별한 자격이 아니라 병원마다 필요에 따라 운영한다. 전공 약사, 전문 약사, 임상 약사는 모두 약사 면허를 받은 후 병원에 취직하는 사람을 대상으로 한 것으로, 공무원이 되거나 자기 약국을 차리거나 다른 회사에서 일할 때는 중요하지 않다.

3부

동물의 병을 치료하는 사람, 수의사

수의사의 탄생과
변화

인류는 아주 오래전부터 동물을 가까이에서 길러 왔으며 이들이 아플 때 돌보아 주었다. 특히 이동과 전쟁에서 중요한 역할을 한 말은 돌보는 사람이 따로 있을 정도로 중요하게 여겨졌다. 인도에서는 의학의 특수 분야로 수의학이 발달했으며 코끼리와 말을 중요하게 여겼다. 게다가 살생을 금지하는 불교의 영향으로 동물의 생명도 중요시했다.

고대의 수의사

동물을 진료하는 의사

개나 고양이, 금붕어, 새 등 동물을 가까이 두고 키워 마음의 안정을 찾고 가족이나 친구처럼 의지하는 사람이 많다. 이런 동물을 '반려동물'이라고 하는데, 반려동물을 키우는 집은 매년 숫자가 늘고 있다.

반려동물이 많아지면서 동네마다 쉽게 '동물 병원'을 찾을 수 있다. 반려동물이 아프거나 예방 주사를 맞아야 하거나, 아니면 건강 상태를 검사할 때면 동물 병원에 가서 동물을 진료하는 사람인 수의사에게 진료받는다.

야생 동물의 가축화

여기저기 떠돌아다니며 동물을 사냥하고, 식물의 뿌리와 열매를 채집해서 먹을거리를 구하던 인류는 기원전 1만여 년 전부터 한군데 모여 농사를 지으며 살기 시작했다. 이때쯤부터 야생에서 자라는 동물을 잡아 집에서 기르기 시작했다. 집에서 기르는 동물을 가축이라 하는데, 제일 먼저 가축으로 기른 동물은 개다. 이스라엘 북부의 말라하 지역에서 발견된 기원전 1만~1만 2천년대 유적에서 사람과 함께 묻힌 개의 뼈가 나왔다.

기원전 8000여 년 경부터는 양, 염소, 돼지 등 고기와 젖을 먹고, 가

죽을 이용할 수 있는 가축을 기르기 시작했으며, 기원전 6000~4000년부터는 소와 말, 당나귀처럼 일하는 데 이용하는 가축을, 기원전 2000년경에는 오리나 닭 같은 날짐승, 가금류를 길렀다. 가축을 기르면서 이를 돌보고, 가축이 병에 걸리거나 상처를 입으면 치료하는 사람도 생겨났다.

이스라엘 북부 말라하 지역에서 발굴된 개(붉은 원)와 함께 묻힌 여성의 유골

최초의 수의학 기록

동물을 치료하는 것과 관련된 최초의 기록은 이집트 엘 라훈에서 발굴된 기원전 19세기 파피루스에 등장한다. 여기에는 거위, 개, 소를 치료하는 방법이 나오는데, 소의 병에 대한 내용이 가장 많았다. 동물이 걸리는 질병의 이름과 명확한 증상을 먼저 이야기하고 치료법을 설명한 다음, 치료를 하면 앞으로 병의 증세가 어떻게 달라질지까지 예측했다. 치료 방법으로 수술, 찬물 마사지, 목욕, 약초로 문지르기,

고양이를 신으로 숭배한 이집트인

이집트에서 농업이 발달하고 거두어들인 곡식을 저장하면서 이를 훔쳐먹는 쥐도 늘어났다. 이집트인들은 기원전 7000년쯤 들고양이를 길들여 쥐를 잡게 했다. 고양이를 기르면서 곡물 피해를 크게 줄일 수 있었고, 쥐가 옮기는 전염병을 막을 수도 있었다. 게다가 고양이는 쥐를 잡아먹기 때문에 따로 먹을 것을 주지 않아도 괜찮았다. 이집트인들은 풍요와 다산의 여신 '바스테트'의 모습을 고양이로 형상화하고 받들어 모셨다. 원래 바스테트는 사

바스테트를 상징하는 고대 이집트의 고양이 조각상

자 머리를 한 모습이었는데, 점차 고양이가 사자의 모습을 대신했다. 당시 이집트에서는 고양이를 여신의 분신으로 여겨 외국으로 가지고 나가지 못하게 막았다.

엘 라훈 유적에서 발견된 수의학 관련 내용이 기록된 파피루스(왼쪽)와 함무라비 법전이 새겨진 비석(오른쪽)

피 뽑기 등을 사용했으며, 불에 달궈 뜨겁게 한 질그릇 조각으로 소의 관자놀이를 누르는 방법도 있었다.

기원전 18세기 무렵 고대 바빌로니아의 왕 함무라비가 만든 법이 새겨진 비석에는 '만일 의사가 중대한 수술을 해서 당나귀나 소의 병을 치료하면 가축 주인은 은으로 값을 치르고, 치료에 실패해서 죽게 되면 의사가 가축 값의 1/4을 물어준다'라는 내용이 있다. 당시 바빌로니아 지역에서 소와 당나귀는 귀중한 동물이었기 때문에 특별히 법에 정해 두었을 것이다.

말의 등장

인류 역사에 가장 큰 영향을 끼친 동물은 '말'이다. 말은 고대부터 근대까지 가장 귀중하게 다뤄진 동물이다. 말은 다른 동물보다 늦은 기원전 4000년 무렵 가축이 되었는데 처음에는 크기가 작아 사람은 태우지 못하고 주로 수레를 끌고 짐을 날랐다.

기원전 1000여 년 무렵부터 덩치가 큰 말이 나타나면서 사람들은 본격적으로 말을 길들여 타고 다니기 시작했다. 말을 타고 달리면 멀리까지 빠르게 이동할 수 있었고, 말 위에서 활을 쏘면 더 많은 짐승을 사냥할 수 있었을 뿐 아니라 호랑이나 사자 같은 덩치 큰 맹수도 잡을 수 있었다.

말을 타고 싸우는 군인(기병)과 말이 끄는 전차는 전쟁에서 강력한 위력을 발휘했다. 이처럼 말은 여러 가지 쓸모가 있는 귀중한 가축이었기 때문에 말을 기르고, 훈련하고, 돌보는 사람이 따로 있었다.

코끼리와 말, 인도의 수의사

인도는 고대 세계에서 수의학이 가장 발달한 지역이었고, 수의사의 지위도 높았다. 수의사가 동물을 진료하는 과정과 치료 방법도 기록으로 잘 남아 있다.

인도에는 종교적인 영향으로 동물의 생명을 존중하는 전통이 있었다. 특히 소와 코끼리는 귀하고 거룩한 존재로 믿어 정성스럽게 보살폈다. 수의학은 인도 의학의 특수한 분야로 발전했는데, 코끼리를 기르고 보살피고 질병을 치료하는 '하스티야유르베다'라는 특별한 학문이 있었고, '팔라카피아'라는 수의사가 이를 책으로 남겼다고 전해진다. 이 책에는 코끼리의 주요 질병, 외과 수술 방법, 치료 방법 등이 쓰여 있다. 전설에 따르면 신의 저주를 받은 아리따운 여성이 코끼리로 변해 팔라카피아를 낳았다고 한다.

살리호트라 Salihotra는 말을 치료하는 수의사를 대표하는 이름이다. 하지만 이 사람도 전설에 나오는 인물이기에 언제 태어나고 죽었는지, 실제 있었던 사람인지 알 수 없다. 인도 전설을 보면 말은 원래 땅에서 뛰어다니는 동물이 아니라 날개가 달려 하늘을 마음대로 날아다니는 동물이었다. 그런데 신의 명령을 받은 살리호트라가 날아다니는 말을 활로 쏘아 떨어뜨리고 그 날개를 잘랐다고 한다. 날개를 잘린 말이 고통스럽게 주변을 돌아다니자 불쌍한 마음이 든 살리호트라는 말이 잘 지낼 수 있도록 모든 일을 해 주겠다고 약속했다.

『살리호트라 상히타』의 18세기 필사본으로, 말의 눈을 수술하는 모습

그 이후부터 사람을 위해 일하는 말에게 좋은 먹이를 주고, 아프면 최고의 치료를 해 주었다고 한다. 그는 말을 치료하는 방법을 담은 책 『살리호트라 상히타』을 썼는데, 이 책은 여러 나라말로 번역되어 세계로 퍼져 나갔다.

인도 불교의 번성과 동물 병원

인도 대부분을 지배하는 거대한 제국을 세운 인도의 아소카왕 (BC273?~BC232)은 전쟁의 비참함을 깨닫고 불교를 받아들였으며, 곳곳에 절을 지어 불교를 널리 알렸다. 그는 불교의 가르침을 지키기 위한 규칙을 돌기둥이나 바위, 또는 동굴 벽에 새겨 누구나 읽을 수 있게 했다. 그중에는 동물의 생명을 존중하라는 명령도 있었다.

예를 들어 생명이 있는 것을 제물로 바치기 위해 죽이면 안 되고, 먹기 위해 죽이는 동물도 최대한 줄이고, 젖을 먹이거나 새끼 딸린 동물, 6개월이 채 안 된 어린 동물을 죽이는 것도 금지했다. 동물을 다른 동물의 먹이로 주지도 못하게 했다.

동물의 생명을 보호하는 이 규칙은 현대의 기준보다도 훨씬 더 엄격했다. 아소카왕은 사람뿐 아니라 동물을 치료하는 병원을 만들고, 사람과 동물에게 필요한 약초를 기르고, 신선한 물을 먹을 수 있는 우물을 파도록 했다.

중국의 수의사

기원전 17세기부터 기원전 11세기까지 있었던 중국의 고대 왕국인 상 왕조 시대의 동물 뼈에 새긴 문자인 갑골문을 보면 말의 질병을 나타내는 단어가 있으며, 돼지를 기르는 모양을 나타낸 글자도 있다.

기원전 10세기 상 왕조 뒤에 들어선 주 왕조는 여러 제도를 만들었다. 그중 나랏일을 하는 관리를 보면, 의학을 담당하는 관리 중에 동물의 병을 돌보는 '수의'가 따로 있었다.

현대 이전
수의학의 발전

동물의 병을 치료하는 수의사는 오랜 기간 의사 중에서 가장 낮은 지위를 가졌다. 수의사들이 있긴 했지만 말의 편자를 다루는 편자공보다 그다지 실력이 좋지도 않았다. 그러다가 16세기에 이르면서 수의사의 지위는 조금씩 높아지기 시작했으며 수도 늘어났다. 18세기 후반이 되면서 제대로 된 교육 기관이 생겨났고 진료 분야도 다양해졌다. 아시아에서는 말을 돌보는 기관을 중심으로 수의학이 발달했다.

서양의 수의학과
수의사의 발전

고대 그리스의 수의사

고대 그리스의 수의사는 그리 좋은 대접을 받지 못했고, 의사 중에서도 지위가 가장 낮았다. 주로 양치기나, 닭이나 거위를 기르거나 파는 사람이 수의사 일을 했지만, 학문적으로 연구를 하거나 공부를 한 것은 아니었다. 하지만 농사짓고, 멀리 이동하고, 특히 전쟁하는 데 중요한 동물인 말을 길들이는 사람은 특별히 존중했다.

기원전 333년 그리스의 철학자 아리스토텔레스(BC384~BC322)가 쓴 동물에 관한 책 『동물지』에는 동물 500여 종의 습성과 생태 등이 나와 있다. 수의학책은 아니지만, 돼지나 말, 소, 개, 당나귀, 코끼리의 질병을 소개하는 내용이 있다. 이 책은 17세기까지 유럽에 전해져 수의학 발달에 큰 영향을 끼쳤다.

로마의 수의사

로마는 이탈리아반도의 도시에서 지중해와 유럽, 아프리카, 중동 지역까지 이르는 거대한 제국을 수립했다. 로마에는 전 세계로부터 희귀한 동물이 들어왔고, 로마인들은 개와 고양이, 금붕어, 새 등 작은 동물 키우기를 즐겼다. 정치가이자 문학가인 마르쿠스 바로(BC116~BC27)가 남긴 글을 보면, 당시에는 동물 치료에 대한 지식을

베지티우스와 아스퓌리투스

5세기경 『수의학 기술』이라는 책을 펴낸 로마의 학자 베지티우스(450~500)는 말을 치료하는 기술로도 유명했다. 그는 동물 위생과 방역, 병 걸린 동물을 따로 떼 놓는 격리를 중요하게 생각했다. 베지티우스의 책은 1528년 유럽에 다시 출판되면서 널리 알려졌다. 4세기 중반 로마군 장교 출신으로 기병들에게 말 치료법을 가르치던 아스퓌리투스는 말의 감염병에 관한 치료 과정을 꼼꼼히 기록해 두었는데 그의 진료 실력은 당시는 물론 근대 이전의 누구보다 뛰어났다고 한다. 10세기

아스퓌리투스가 쓴 책『히피아트리카』

에 출판된 『히피아트리카』라는 수의학책은 이전까지 여러 수의학자가 쓴 글을 모은 것으로 아스퓌리투스가 쓴 내용까지 정리되어 있다. 사람들은 베지티우스를 '수의학의 히포크라테스', 아스퓌리투스를 '수의학의 아버지'라고 부르기도 한다.

가진 사람이 거의 없었다. 목동, 양치기, 농장 주인 등이 수의사 일을 했으며, 때로는 사제가 기도하거나 주문을 외워 동물을 고치려 했고, 아주 특별한 경우에는 의사를 불러 동물을 치료하기도 했다.

시간이 흐른 뒤 로마 군대에서 말을 돌보는 사람이 필요하게 되어서야 수의사 직업이 발전하기 시작했다. 로마의 수의사는 주로 당나귀, 노새처럼 짐을 나르는 동물과 전투를 할 때 타는 말을 돌보았으며, 로마 군대가 머무는 곳에는 아프거나 다친 말을 치료하는 동물 병원이 있었다. 수의사는 전문으로 다루는 동물에 따라 '당나귀 의사', '말 의사', '가축 의사'라고 불렸다. 우편을 담당하는 관청에도 말과 당나귀, 소의 병과 상처를 돌보는 노예가 있었다.

이슬람의 수의사

다른 과학이나 의학처럼 수의학도 중세 이슬람 제국에서 꽃피웠다. 이슬람교의 경전『꾸란』에는 돼지나 개를 잡아먹지 말고, 동물의 피를 먹지 못하게 하는 내용이 있있다. 동물을 죽일 때도 고통을 가능한 한 줄여야 한다고 했다. 이런 제한 때문에 동물을 잘 다루는 것이 이슬람 문화에서 매우 중요했다. 다른 지역과 마찬가지로 말은 가장 중요한 동물이었고 말 치료법만 연구하는 분야가 따로 있었다.

이슬람 문화권에서는 수의학에 관한 책이 2,000여 권 나왔는데, 광견병이나 소나 말의 전염병을 치료하는 방법과 동물이 새끼를 낳을

15세기 이슬람 수의학책에 실린 말 해부 그림

때를 위한 내용이 실려 있었다. 9세기 이슬람의 수의사 이븐 알후툴리는 말 치료법에 관한 책을 썼는데, 실제로 치료한 경험에서 나온 자세한 설명이 포함되어 있었다. 이슬람 수의학책에는 동물 해부도가 그려져 있었는데, 이 해부도는 실제 해부해서 관찰한 것이 아니라 머릿속에서 상상한 것을 그린 것처럼 보인다.

중세, 암흑기를 넘어

서로마 제국의 멸망 이후 유럽 대륙의 수의학은 오랫동안 발전하지 못했고, 수의사라는 직업도 하찮게 여겨졌다. 11세기 유럽의 직업 군인인 기사 계급이 성장하면서 기사들 간의 무술 솜씨를 뽐내는 시합이 유행하고, 군대에 기마병이 늘어나자 말을 다루는 것이 다시금 중요해졌다.

이 무렵, 로마에서 처음 발명된 '편자'가 점점 개선되어 말을 부리는 것이 편해졌다. 말은 발굽이 닳으면 잘 달리지 못하고 넘어지는 사고가 생기기 쉬웠다. 그래서 쇠로 U자 모양을 만들어 말발굽에 붙여 닳지 않도록 보호했는데 이것이 편자다. 편자를 말발굽에 붙이는 일은

16~18세기에 사용된 말의 편자(왼쪽)와 편자를 붙인 말발굽 모습(오른쪽)

배우기 어려웠다. 잘못하면 말에 상처를 입히고, 왼쪽과 오른쪽 발의 균형이 어긋나면 말의 발목이나 무릎이 상했기 때문에 오랫동안 기술을 익혀야만 했다. 당시 전투에 사용하는 말 한 마리는 요즘 돈으로 수천만 원이 넘었다. 그래서 말에 편자를 붙이는 '편자공'은 귀족이나 지역을 다스리는 영주의 보호를 받았고, 이들이 수의사 일도 했다. 귀족들 사이에는 매를 훈련해 날짐승을 잡는 '매사냥'도 유행해 영주는 매를 돌보는 의사를 고용하거나 후원하기도 했다.

영국에서는 양털로 천을 짜는 모직 산업이 발달했는데, 양이나 소에게 퍼지는 감염병을 믹고 치료하는 '소 의사'가 있었다.

다시 나온 수의학책

16세기에 인쇄술이 보급되면서 베지티우스가 쓴 『수의학 기술』과 『히피아트리카』가 다시 출판되었다. 베지티우스는 질병이 하늘이 내린 벌이라는 생각을 인정하지 않고 수의사가 어떻게 해야 동물의 고통을 덜어 주는지를 이야기했다. 베지티우스와 동시대 사람들은 그를 비웃고 의사들은 그를 비판했다. 중세 교회는 동물의 생명은 신성함과 도덕이 없이 본능만 따르는 나쁜 것으로 생각했기 때문에 동물을 치료하는 일은 베지티우스가 살던 때보다 오히려 어려워졌다.

하지만 16세기에 들어와 베지티우스의 책이 널리 보급되면서 점점 수의사를 보는 눈이 달라지고, 수의사의 사회적 위치도 조금씩 올라가기 시작했다.

편자공과 소 의사

16세기부터 수의사의 수가 늘어났고, 수의사들은 대부분 왕실이나 귀족 집안의 후원을 받았다. 스페인 왕은 수의사를 훈련하는 학교를 세우고, 수의사 면허를 발급하는 시험을 만들었다. 당시 수의사는 '돈을 잘 버는 직업'으로 꼽혔다. 하지만 대부분 수의사는 제대로 교육받지 못한 '편자공'이나 '소 의사'였기 때문에 공부를 많이 한 의사들은 수의사를 '제대로 된 의사'가 아니라고 비난했다.

편자공은 도제 교육을 통해 기술을 배웠고, 병에 잘 듣는 특효약을 만드는 방법은 대를 이어 자식에게만 가르쳐 주었다. 대부분 기사나 기병을 관리하는 귀족 가문에서 후원을 받았기 때문에 형편이 넉넉한 편이었지만, 간혹 손님을 속여 치료비에 바가지를 씌우기도 했다.

소 의사는 말 같은 귀한 동물은 다루지 못하고, 농장에서 키우는 소카를로 루이니(1530~1598)는 이탈리아의 동물 해부학자로, 1598년 『말의 해부학, 질병, 치료』라는 책을 썼다. 그는 전문적인 수의학 교육을 받지 않았지만, 해부학에 능통해서 해부학 지식을 바탕으로 말의 호흡이 순환하는 방식과 새끼를 배고, 낳는 것에 관해 과학적인 연구를 했지만 당시 루이니의 연구를 이해하고 따르는 수의학자는 거의 없었다. 하지만 이후 그의 책은 18세기까지 교과서로 널리 이용되었다.

루이니의 책에 실린 말의 해부도

나 거위 같은 동물을 치료했다. 많이 공부한 수의사나 소 의사나 치료 실력에서 큰 차이는 없었다.

소 전염병의 유행

17세기는 대대로 전해진 치료 방법과 과학적 연구가 뒤섞여 있던 시기였다. 과학적이라고 주장하는 방식에 이전부터 전해지던 전통적 방식을 적당히 섞은 치료가 대부분이었다. 여전히 편자공이나 소 의사, 때로는 말 조련사나 대장장이가 수의사로 활동했다.

18세기가 되어서야 대대로 물려받은 치료 비법을 가진 편자공과

소 전염병이 창궐한 네덜란드

수의학 교육을 받은 수의사가 제대로 경쟁할 수 있었다. 1710년부터 1760년 사이 유럽에 소 전염병이 유행해서 약 2억 마리 이상의 소가 죽었다. 그런데 편자공이나 소 의사는 이 전염병에 맞서 싸우는 데 도움이 되지 못했다. 여러 나라에서 의사와 수의사를 초청해서 전염병을 막으려 했지만 의사는 동물을 치료하는 것을 부끄럽게 생각했고, 수의사는 대부분 말을 돌본 경험밖에 없어서 소를 제대로 치료할 수 없었다. 게다가 교회는 신의 벌이라고 생각해서 그냥 내버려 두는 바람에 소 전염병 치료는 금방 효과를 내지 못했다.

제임스 클라크와 수의학의 발전

전염병이 계속되면서 몇몇 의사들이 치료에 힘을 쓰기 시작했고, 여기에 가장 큰 공헌을 한 사람은 영국 에든버러의 제임스 클라크 (1732~1808)이다. 제임스 클라크는 병의 치료에 약을 많이 사용해야 한다고 주장했고, 죽은 소를 제대로 연구해서 병의 원인과 성질, 증상을 밝혀야 한다고 주장했다. 또, 소를 키우는 외양간이나 헛간 등에 공기를 잘 통하게 하고, 신선한 물과 사료를 주고, 아픈 소는 격리시켜 다른 소들에게 병이 옮지 않도록 했다. 그의 방법은 수의사들이 동물을 치료하는 데 크게 도움이 되었고, 의사들도 이런 방법을 환자 치료에 활용했다.

제임스 클라크는 수의사가 진료에 관한 지식과 기술을 잘 익혀야 한다는 점과, 수의사라는 직업이 발전하기 위해서는 전문적인 수의학 교육이 꼭 필요하다는 점도 강조했다.

미국의 수의학 교육

18세기 후반부터 프랑스와 영국을 비롯한 유럽에 '수의학교'가 생기기 시작했고, 19세기가 되면 12개 나라에 모두 20개의 학교가 만들어졌다. 19세기 초부터 본격적인 수의학 연구가 이루어졌고, 동물의 질병과 상처를 치료하는 지식이 쌓이기 시작했다.

반면 미국은 유럽과 멀리 떨어져 있어 소 전염병이 유행하지 않았다. 그래서 19세기 후반까지도 편자공, 대장장이가 수의사 일을 했다. 유럽 출신의 몇몇 수의사들이 미국에서 활동했지만, 전체적인 수의학과 수의사의 수준은 유럽에 뒤졌다.

1862년에 북아메리카 대륙 최초의 수의학교가 캐나다에 생겼으며, 1875년 뉴욕에 미국 최초의 수의대학이 설립되었다.

말 의사의 쇠퇴와 진료 분야의 다양화

20세기 초까지 말은 물건을 나르거나 사람이 이동하는 중요한 수단이었다. 많은 농장에서 말을 이용했고, 전쟁에서 물자를 나를 때도 말이 꼭 필요했기 때문에, 말을 치료하는 '말 의사'가 많았다, 하지만 자동차가 발명된 뒤에는 말의 이용이 크게 줄어들었고, 말 의사의 수도 줄었다.

하지만 수의사들이 집중해서 진료하는 분야는 다양해졌다. 도시에서 활동하는 수의사들은 강아지와 고양이 같은 작은 반려동물의 치료에 집중했는데, 이들은 주로 개인 동물 병원에서 일했다. 한편 교외의 농장에서 일하는 수의사들은 돼지, 소, 양 같은 산업 동물을 주로 관리했다.

현대 이전 동아시아의
수의학과 수의사

● 중국

중국 수의학의 기반

중국의 기틀을 만든 주나라는 중국의 각 지역을 왕의 가족과 친척, 공을 세운 신하 등 중요한 인물에게 나누어 주고 다스리도록 했는데, 이들을 제후라고 한다. 기원전 8세기 무렵 외석의 침략으로 주나라의 힘이 약해지자 지방의 제후들이 권력을 차지하고자 500년 이상 서로 힘을 다투었다. 여러 제후가 저마다 나라를 세우고 겨루던 이 시기가 춘추 전국 시대이다.

기원전 221년, 가장 강한 제후국 중 하나인 '진'이 중국을 통일하고, 진의 왕 영정(BC259~BC210)이 최초의 황제가 되는데, 진시황이라고 부른다. 진 왕조는 강력한 권력을 가지고 여러 중국의 여러 제도와 문화를 하나로 만들었지만, 금방 망하고 한 왕조가 들어선다.

춘추 전국 시대부터 한 왕조 시기에 중국 수의학의 기초가 만들어졌다. 춘추 전국 시대에는 전쟁이 자주 일어났고, 말은 전쟁의 중요한 수단이었기 때문에 말 질병을 진단하고 치료하는 전문적인 의사가 있었다.

한나라 때 나온 『신농본초경』에는 소에 붙어 피를 빨아먹는 '이'를 죽이는 약초와 말의 부스럼을 고치는 버드나무 잎, 돼지의 상처를 치료하는 데 쓰는 유동나무 꽃 등 사람뿐 아니라 동물에게도 효과가 있는 약이 나온다. 수의사들은 약 처방을 대나무 조각에 기록했고, 동물에게 편하게 먹이기 위해 알약을 만들거나 동물에게 침을 놓기도 했다. 말과 소에 관한 책과 말을 전문적으로 돌보는 마의, 소를 전문적으로 돌보는 우의가 있었고, 말을 보호하기 위해 발굽을 다듬고 가죽으로 신발을 만들어 신겼다.

한나라 이후 점차 수의학의 틀이 잡혔다. 4세기 중국의 의학자이자 연단술사인 갈홍은 위급할 때 쓰는 치료법을 『주후비급방』이라는 책으로 냈는데, 여기에는 말과 당나귀 등 6종류의 동물을 치료하는 방법이 포함되어 있다. 6세기경 곡물과 채소, 과일 농사를 짓고 가축을 기르는 것과 관련된 일을 모은 책인 『제민요술』에는 가축 질병의 치료뿐 아니라 병의 예방과 병 걸린 동물을 격리하는 방법 등이 실려 있다.

수의학 교육의 확립

당나라가 중국을 통치하던 7세기 이후 중국의 수의학 교육이 자리 잡았다. 당나라는 왕실의 가축과 말을 관리하는 '태복시'라는 관청을 만들고, 수의학을 가르쳤다. 8세기 후반에 태복시에는 수의사가 600명, 수의학을 가르치는 교수가 4명, 공부하는 학생이 100명 있었으며 외국에서도 공부하러 왔다.

태복시에서는 중국 전통 의학을 바탕으로 수의학의 이론과 치료 기술을 설명하는 『사목안기집』을 교과서로 사용했다. 이 책은 당나라 문종 때 재상을 지낸 이석이 편찬했다고 알려진 수의학책으로, 우리나라에도 수입되어 널리 쓰였다. 또한 축산과 수의학에 관한 법도 만들었다.

송·원 시기 수의학의 발전

송나라와 원나라 시기 중국 수의학은 더욱 발전했다. '수양감'이라는 동물 병원을 만들어 아픈 말을 치료했는데, 가벼운 병에 걸린 말은 상감으로, 심한 병에 걸린 말은 하감으로 보냈다. 병에 걸린 말이 죽으면 국가에서 운영하는 관청으로 보내 해부했다.

최초의 수의학 약국도 등장했다. 나라의 말을 돌보는 '군목사'에 말 치료 약을 보관해 두고 수의사에게 제공했다. 또한 인쇄술과 종이 만드는 산업이 크게 번성한 덕분에 수의학책들도 많이 등장했다.

명·청 시기의 수의학

명나라에서도 말을 돌보는 기관은 '태복시'였는데, 여기에는 말 50마리마다 책임을 지고 관리하는 '군장'이 있었다. 모든 군장들은 각각 똑똑한 아이 2~3명을 선발해서 말을 치료하도록 수의학을 가르쳐야 했다.

1698년에는 그때까지의 수의학 연구를 수집하고 치료법을 정리하고 새로운 사례와 연구를 더한 『원형료마집』이 나왔는데, 이 책은 중국에서 가장 널리 알려진 수의학책이다. 다양한 질병의 원인과 증상, 치료 약을 만드는 법, 침이나 뜸을 쓰는 법 등이 나와 있으며, 그림과 간단한 설명을 사용해서 내용을 쉽게 전달하려 했다. 이 책은 우리나라에 들어와 번역되기도 했다.

명의 뒤를 이은 청나라에서는 수의학이 크게 발전하지 않았다. 주로 『원형료마집』을 기본으로 해서 조금씩 고치거나 필요한 부분을 떼어 책으로 냈다.

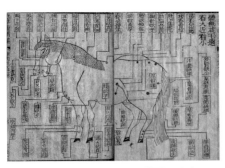

중국에서 가장 널리 사용된 수의학책 『원형료마집』

아편 전쟁으로 청나라는 영국을 비롯한 유럽과 미국에 항구를 열었고, 서양 문물이 본격적으로 들어와 전통적인 수의학이 더는 발전하기 어려웠다.

청 왕조 말기인 1904년 중국 최초의 서양식 수의학교인 '북양 마의학당'이 생겨난 것을 시작으로 동물 진료와 위생 관리는 서양식 수의학이 주도했다. 지금 중국에는 서양식 수의학과 중국 전통 수의학이 함께 공존하고 있다.

● 우리나라

고조선과 삼국 시대

우리나라 최초의 국가인 고조선은 중국과 국경을 맞대고 있었다. 특히 춘추 전국 시대 제후국인 '연'과 자주 싸웠고, 이때 말을 이용했을 것이다. 하지만 동물의 치료와 관리에 대한 기록을 찾기는 어렵다. 삼국 시대에는 하늘에 제사를 지낼 때 동물을 죽여 제물로 바쳤다는 기록이 남아 있는데, 이 동물을 기르고 관리하는 사람이 있었을 것으로 짐작한다.

삼국 시대에는 말을 탄 기마병이 전쟁을 치렀다는 기록이 여러 번 나오는데, 많을 때는 수천 명이나 되었다. 말이 좋아하는 먹이를 따로 기르는 밭과 말을 기르는 목장이 있었고, 백제의 관직 중에는 말을 담당하는 '마부'가 따로 있었다. 이로 미루어 볼 때 말은 우리나라에서도 귀중한 동물로, 나라에서 신경 써서 관리했을 것으로 보인다.

고려 시대의 수의사와 수의학

고려에는 말과 관련된 일을 '사복시'라는 관청이 있었다. 말이 아닌 다른 여러 동물을 기르는 일을 맡은 부서와 제사에 제물로 쓸 동물을 관리하는 부서도 따로 있었다. 수의사와 관련해서는 '수의박사'라는 관직 이름과 이 관직에 얼마의 봉급을 주는지에 관한 기록, 사복시에 '수의'가 있었다는 기록이 있다. 하지만 수의사가 구체적으로 어느 부서에서 무슨 일을 했는지는 알 수 없다.

1151년 고려의 남서쪽에 소와 말의 전염병이 심해 하늘에 제사를 지낸 기록이 남아 있는 것으로 보아 동물의 질병 치료에 하늘에 기도를 드리고 주문을 외는 방식을 주로 이용한 것을 알 수 있다.

말이 가장 중요한 동물이었지만 지금 남아 있는 가장 오래된 우리나라 수의학책은 '매'에 관한 『응골방』이다. 이 책은 고려 후기의 문학자이자 시인인 이조년(1269~1343)이 매를 기르고 사냥하는 방법에 관해 쓴 책인데, 매의 질병을 치료하는 방법도 실려 있다.

『응골방』 중에서 매의 외모를 설명하는 '응색편'

조선 시대의 수의사

조선도 고려의 제도를 이어받아 말과 관련된 일은 사복시에서 담당했다. 나라에서 지내는 제사에 쓸 동물은

> ### 말의 조상에게 드리는 제사, 마조제
>
> 옛날부터 말과 관련 있는 하늘의 별자리를 말의 조상, '마조'라고 생각했다. 마조에게 드리는 제를 '마조제'라고 하는데, 우리나라에서는 고려 시대에 돼지 한 마리를 제물로 제사를 지내 말의 전염병이 생기지 않도록 빌었다는 기록이 있다. 마조제는 매년 봄 시행되었고 조선 시대까지 이어지다가 1908년에 없어졌다.

전생서에서 준비했고, 나라에서 큰 잔치나 상을 내릴 때 쓰는 돼지·양·염소·거위·오리 등을 기르는 일은 사축서에서 했다.

지방마다 목장을 만들고 소와 말 기르는 것을 책임지는 관리를 보냈으며, 도로 중간중간에 역을 만들어 일정한 숫자의 말을 두어 지방으로부터 급한 소식을 전했다. 사복시와 말이 필요한 여러 부서에는 '마의'라는 관리가 있었는데, 마의가 되려면 관청에서 시행하는 채용 시험(취재)을 통과해야 했다. 과거 시험 중 의과 합격자들이 사복시에 배치되어 말을 치료하는 방법을 배우고 수의사가 되기도 했으며, 의약을 담당하던 전의감 소속 의사들도 소와 말을 치료하는 법을 익혀 수의사 일을 하기도 했다.

조선 수의학의 발전

조선 초, 고려 시대 수의학을 이어받은 『신편집성마의방』과 『신편집

성우의방』이 나왔는데 마의방은 말의 질병과 치료, 우의방은 소의 질병과 치료에 관한 책이다. 주로 중국 수의학책의 내용을 가져온 것이었지만 그중에는 말의 설사병이나 피부병을 치료하는 우리나라의 독특한 방법도 있었다. 대부분은 약을 사용하는 치료였고, 말에게 침놓는 자리와 침놓은 방법도 그림과 함께 실려 있다.

무신 출신 이서(1580~1637)는 중국의 『마경대전』과 『신편집성마의방』의 내용을 골라 우리말로 번역하고 설명을 추가한 『마경초집언해』를 편찬했다. 이 책은 한글로 된 최초의 수의학 서적으로, 복잡한 이론은 빼고 그림과 함께 질병을 치료하는 것에 집중해서 설명했다.

16~17세기 우리나라는 동물 전염병에 시달렸지만, 당시로는 전염병을 예방하거나 치료하기 위한 뾰족한 방법이 없었다. 나라에서는 『우마양저염역병치료방』이란 동물 전염병 치료책을 만들어 전염병으로 인한 피해가 심한 지역에 급히 보급했다. 하지만 동물 전염병을 예

말의 병에 관해 그림과 함께 설명한 『마경초집언해』
한국 마사회 말 박물관 제공

방하거나 치료하는 데 특별한 효과는 없었다.

서양식 수의사 양성의 시작

조선은 1894년 정치, 사회, 문화 등 모든 분야에서 이전까지 내려오던 제도를 새롭게 바꾸는 갑오개혁甲午改革을 시행한다. 갑오개혁으로 신분 제도가 없어지고 과거 시험도 폐지되었으며 서양식 학교 제도가 생겨 수의학도 큰 변화를 맞이했다. 전통 의학에 기초를 둔 수의학은 점점 사라지고 서양식 수의학 교육을 받은 수의사가 등장했다. 1908년 수원 농림학교에 1년짜리 수의속성과가 생겨났는데, 이것이 우리나라에 최초로 설립된 서양식 수의학교이다. 이듬해인 1909년, 20명이 처음으로 이 학교를 졸업하고 서양식 교육을 받은 수의사가 되었다.

일제의 식민 지배를 받던 1937년 지금의 전문 대학 격인 수원 고등농림학교에 3년 과정의 수의축산과가 생겼다. 이 학교에서는 생리학, 화학, 해부학 등 기초 학문과 동물의 진단, 치료법, 공공 위생과 수의에 관한 법률 등 대학 수준의 고등 교육을 했다. 하지만 이 학교 학생의 대부분은 일본인이었고, 우리나라 학생은 고등 교육을 받기 힘들었다.

수원 고등농림학교는 일제가 망하고 우리나라를 되찾은 후 1946년 서울대학교 농과 대학이 되었다. 이후 다른 여러 대학에도 수의학과

수원 고등농림학교(왼쪽)와 현재 서울대학교 수의과 대학(오른쪽)

혹은 수의과 대학이 생겼고, 1998년부터는 수의사가 되기 위해서는 수의과 대학에서 6년 동안 공부해야 한다.

수의 관련 제도의 정립

조선 총독부는 1937년 '조선수의사규칙'을 만들어 실업 학교에서 수의학을 전공하고 졸업한 사람이나, 외국에서 수의사 자격을 얻은 사람에게 수의사 면허를 주었다. 1941년에는 수의사 시험 제도를 도입해서 시험에 합격한 사람에게도 면허를 주었다.

1948년 대한민국 정부를 수립한 이후 축산물 위생을 관리하는 제도, 가축 전염병을 방지하기 위한 검역 규칙, 외국에서 가축이나 축산물을 들여올 때 하는 검역, 우유 등 식품을 만들 때 지켜야 하는 위생 규칙 등을 만들었다. 대한민국은 1956년에 '수의사법'을 만들어 수의사가 하는 일, 수의사가 되기 위한 교육과 시험 제도 등을 정했다. 현재 우리나라에서는 대학에서 수의학과를 졸업하고 학사 학위를 받은 사람만 수의사 국가시험을 볼 수 있다.

우리나라의 수의사는 1909년 최초의 서양식 수의사가 나올 당시 30명에 지나지 않았지만, 지금은 2만여 명에 이를 정도로 그 수가 늘어났다. 1990년대 이후에는 많은 여성이 수의사 직업을 택하고 있다. 최근에는 수의과 대학 신입생 중 여성이 차지하는 비율이 45%로, 앞으로는 여성 수의사가 더욱 늘어날 것으로 예상한다.

최근의 수의학

2000년대 이후 식품에 대한 안전성을 검사하고 대규모 가축 전염병을 예방하는 일이 더욱 중요해지고 있다. 구제역, 조류 인플루엔자 같은 가축 전염병이 퍼지는 것을 제때 막지 못하면 축산업뿐 아니라 국민의 건강이 막대한 피해를 보기 때문에 국가에서는 가축 질병을 막는 정책과 연구 업무에 큰 힘을 기울이고 있다.

또한 우리가 매일 먹는 고기, 우유, 달걀과 같은 축산 식품이 사람에게 안전하도록 관리하고 문제가 있는지를 미리 검사하는 일도 매우 중요하다. 사람을 위한 새로운 약과 의료 기술을 개발하는 데도 수의사의 역할을 빼놓을 수 없다. 이처럼 수의사는 동물의 보건과 환경 위생 및 각종 질병의 예방과 진료, 전염병의 예방과 진료를 담당해서 국민 건강과 관련 산업 발전에 이바지한다.

오늘날과 미래의 수의사

수의사는 동물을 진료하는 일 이외에도 동물과 관련된 다양한 일을 한다. 방역과 관련된 일이나 축산물 가공과 관련된 검사를 하기도 하고, 동물 사료나 식품을 만드는 회사에서도 일할 수 있다. 최근에는 반려동물이 크게 늘어나면서 수의사의 역할도 점점 중요해지고 있으며, 반려동물과 관련한 새로운 산업과 직업도 등장하고 있다.

수의사가 하는 일

수의사의 주된 일

수의사가 하는 일과 자격에 대해 정해 놓은 우리나라의 '수의사법'에서 수의사는 '동물의 진료 및 보건과 축산물의 위생 검사'를 한다고 정해 두었다. 수의사가 하는 가장 중요한 일이면서 가장 잘 알려진 일은 동물의 병을 진단하고 치료하는 일이다. 이뿐만 아니라 사람이 먹거나 다른 물건을 만들 때 이용하기 위해 기르는 동물(산업 동물)의 고기나 젖 등을 가공하는 과정에서 건강에 해로운 것이 들어오지 못하게 막고, 안전한지 검사하는 것도 수의사가 하는 중요한 일이다. 이 두 가지 외에도 수의사는 여러 가지 일을 하고 있다.

여러 분야의 수의사

수의사는 다양한 곳에서 일하는데, 동물을 진료하는 일을 가장 많이 한다. 이런 수의사를 '임상 진료 수의사'라고 하고, 자기 전문 분야에 따라 내과, 외과, 안과, 피부과, 치과, 영상 진단, 임상 병리, 마취 통증 등으로 구분되기도 한다. 주로 돌보는 동물에 따라 개, 고양이, 새, 금붕어, 햄스터 등 반려동물을 주로 진료하는 수의사, 소나 돼지, 또는 닭 등을 키우는 농장에서 산업 동물을 주로 돌보는 산업 동물 수의사, 경마장이나 말 농장에서 말을 돌보는 말 전문 수의사, 해양 박물관이나 수족관에서 일하는 수생 생물 전문 수의사, 동물원에서 야생 동물을 주로 진료하는 수의사가 있다. 동물 보호 단체나 야생 동물 구조 단체에서 일하는 수의사도 많다. 군대에서 군용 동물을 진료하거나 방역 활동 등을 하는 수의 장교도 있다.

공무원 수의사는 정부에서 일을 하는 수의사로, 질병에 걸린 가축을 찾아낸 뒤 그 지역을 소독하고, 다른 곳으로 전염을 막는 방역 활동을 하거나, 가축을 기르고 가공하는 축산업 종사자들에게 방역 관련 교육을 한다. 소나 돼지 등에 유행하는 구제역이나 닭이나 오리와 같은 조류에 유행하는 조류 독감 같은 전염병이 돌면 많은 가축이 죽고, 때로는 사람도 영향을 받기 때문에 이를 예방하고, 혹시 생기더라도 번지지 않게 막는 것은 매우 중요하다. 또한 외국에서 동물에게 해를 끼치는 병균이 들어오지 못하도록 수입되는 동물이나 축산물을 검사해서 혹시라도 해를 끼칠 만한 것은 미리 막는다. 국내에서 가공된 축산물이 생산 과정이나 판매 과정에서 위생과 관련한 문제가 없는지를 검사하는 것도 중요한 일이다. 쇠고기, 닭고기, 돼지고기, 생선, 우유, 달걀, 햄, 소시지 등 우리가 매일 먹는 음식이 해가 없는지를 검사하고 광우병이나 식중독 등 사람과 동물 모두에게 옮는 인수 공통감염병을 예방해서 사람의 건강을 돌보는 데 이바지한다. 이런 일은 정부의 농림 축산 검역 본부 등 여러 기관에서 담당하는데, 이런 일을 하는 데 수의사가 필요하다. 그래서 수의사 중에서는 공무원으로 국가 기관에서 일하는 사람도 많다.

환경 오염이나 독성 물질이 사람에게 어떤 영향을 미치는지를 알아보기 위해 먼저 동물을 이용해서 실험하고, 신약이나 새로운 의료 기술을 개발하는 첨단 과학 분야에도 동물 연구가 중요하다. 동물의 생리와 의학적 지식을 갖춘 수의사들은 이 분야에서 빼놓을 수 없다. 어떤 수의사들은 대학원에서 공부하고, 박사 학위를 얻은 후 대학에서 학생을 가르치거나, 각종 연구소에서 수의학 분야를 깊게 연구한다.

혹은 사람을 위한 약을 만드는 제약 회사나 동물을 위한 약을 만드는 회사, 동물 사료를 만드는 회사, 식품을 만드는 회사, 환경 안전에 관한 일을 하는 회사 등 다양한 민간 기업에서 일하는 수의사도 있다. 최근에는 반려동물과 관련된 산업이 크게 성장해서 새로운 기술이나 서비스를 개발하는 회사를 창업하는 수의사도 많이 늘어났다.

좋은 수의사의 자질

지금까지 살펴본 것처럼 수의사는 정부나 공공기관, 학교, 일반 기업, 연구소, 동물원이나 동물 보호 단체, 심지어는 군대에서도 일한다. 이처럼 수의사가 하는 일이 다양하기 때문에 좋은 수의사가 되기 위해 필요한 자질을 한 가지로 정리해서 이야기하기는 힘들다.

하지만 수의사가 하는 일의 기본은 아픈 동물을 진단하고 치료하는 것이기 때문에 동물을 사랑하는 마음과 생명을 존중하는 태도는 모든 수의사가 꼭 지녀야 한다. 단지 동물을 사랑하는 것을 넘어 하나의 생명을 책임진다는 사명감과 생명체와 공감할 수 있는 사람이 좋은 수의사가 될 수 있다. 수의학에 대한 전문 지식과 기술을 습득하는 것은 물론, 신뢰를 줄 수 있어야 하고 정직해야 한다. 세심한 관찰력도 중요하다. 동물은 말로 의사를 전달할 수 없으므로 행동을 잘 관찰해서 병의 증상을 찾아내야 한다. 보호자에게 동물의 상태와 이후 진료 과정 등을 정확하고 친절하게 전달할 수 있는 소통 능력도 필요하다. 또한 위기 상황을 냉정하게 판단하고 침착하게 대응하는 판단력과 통제 능력을 갖춰야 한다.

평소에 반려동물을 키우거나, 동물을 돌보았던 경험이 있으면 좋다. 스스로 반려동물을 보살펴 보면 동물의 행동을 잘 이해할 수 있고, 동물 보호자의 마음도 잘 알 수 있어, 나중에 동물을 진료할 때 도움이 된다.

반려동물 관련 산업의
발전과 미래

반려동물을 키우는 사람들

2020년 말을 기준으로 우리나라 전체 가구 중 거의 30%인 약 604만 가구에서 반려동물을 키우며 1,400여만 명 이상이 반려동물과 함께 생활하는데, 이는 전 국민 네 명 중 한 명꼴이다. 대략 586만 마리의 개와 211만 마리의 고양이를 반려동물로 기르고 있는데, 매년 반려동물을 키우는 사람의 숫자와 반려동물의 숫자는 늘어나고 있다.

반려동물이 늘어나는 것은 전 세계적으로 비슷한 추세이다. 아이를 덜 낳고, 평균 나이가 늘어나고, 혼자 사는 1인 가구가 늘어나면서 아이 대신 반려동물에 시간과 정성을 들이는 사람은 늘어날 전망이다. 이에 따라 반려동물이 아플 때 치료하고, 키우는 데 필요한 물건을 사고, 반려동물을 훈련하거나 꾸미는 데 쓰는 돈도 늘어날 것이다.

펫코노미, 펫 테크, 펫 휴머니제이션

반려동물과 관련해서 1년 동안 우리나라 사람들이 쓰는 돈은 약 6조 원에 달하며, 최근 3년간 매년 평균 14%씩 성장하고 있다. 이처럼 반려동물과 관련된 산업이 커지자 이제는 반려동물을 뜻하는 펫pet과 경제economy를 합쳐 펫코노미Petconomy라 부르는 새로운 단어가 생겨날 정도이다. 펫코노미에는 반려동물의 사료, 장난감, 진료, 미용, 유치원, 호텔, 장례식 등 다양한 제품과 서비스가 있다.

새로운 기술을 이용해서 반려동물과 관련된 제품을 만드는 펫 테크 Pet tech라는 말도 흔히 쓰인다. 매년 열리는 기술 전시회에는 펫 테크를 이용한 제품들이 선을 보인다. 반려동물을 가족이나 친구의 역할을 하는 '사람 대신'으로 여겨 사람과 같은 특성을 가진 인격체로 대우하는 펫 휴머니제이션Pet Humanization도 점점 널리 퍼지고 있다.

동물 진료와 기술의 결합

동물의 건강 관리와 의료 서비스를 지원하는 새로운 서비스도 등장하고 있다. 반려동물이 얼마나 활발하게 움직이는지를 알아낼 수 있는 작은 액세서리를 동물에게 달아 두고 혹시라도 이상한 점이 나타나면 알려 주는 서비스도 있다. 이 서비스는 수집된 데이터를 인공 지능과 전문 수의사가 분석해 쉽게 눈치채기 어려운 건강 문제도 조기 발견해 치료할 수 있도록 한다.

스마트폰 애플리케이션을 이용한 맞춤형 수의사 방문 예약 서비스도 있는데, 보호자가 원하는 시간에 수의사가 직접 가정을 방문해 반려동물을 진료할 수 있도록 연결해 준다. 보호자는 병원까지 갈 필요가 없어 편리하고, 수의사는 병원 운영 비용 등을 절약하고 일하는 시간도 조절할 수 있다. 수의사가 반려동물을 진료한 기록을 애플리케이션으로 편리하게 활용할 수 있고, 진료비는 온라인으로 내면 된다.

반려동물이 화장실을 이용할 때 체중, 소변량, 화장실 체류 시간 등의 자료를 수집한 뒤 이를 인공 지능이 분석해 문제가 있으면 수의사가 확인해서 알려 주는 스마트 화장실 서비스도 있다. 최근에는 개가 내는 소리를 분석해서 기분이 어떤지를 알려 주는 기술도 등장했는데, 기분 상태를 진료에 이용할 수도 있고, 보호자는 외출해서도 반려동물의 기분을 스마트폰으로 확인할 수도 있다.

혼자 사는 노인이나 아픈 사람들에게 안정감과 유대감을 주기 위해 반려동물과 비슷한 느낌을 주는 로봇도 개발되고 있다. 앞으로 반려

동물의 기분을 알아내는 이누파시(왼쪽), 반려동물 로봇 모플린(오른쪽) (이누파시, 뱅가드 인더스트리즈 유튜브 캡처)

동물과 관련된 새로운 기술과 제품, 서비스는 계속 늘어날 것이다.

가까운 미래의 수의사

반려동물과 함께 사는 가구가 늘어나는 만큼 반려동물에 관한 질병 예방, 치료, 분만, 건강 관리, 수술 등을 담당하는 수의사는 계속 늘어날 것이다. 또한 조류 인플루엔자나 광우병 등 사람에게도 전염될 수 있는 동물 질병에 대한 검역과 방역이 더욱 중요해짐에 따라 이에 대한 예방과 방역 작업을 하는 수의사도 증가할 것이다.

우리나라에서는 한 해에 550여 명 남짓한 새로운 수의사가 나오는데, 이런 점을 모두 살펴보면 향후 10년간 수의사는 해마다 계속 늘어날 것으로 보인다.

기술의 발전과 수의사

인공 지능이나 네트워크 기술의 발달로 인한 변화는 수의사도 피할 수 없다. 의학과 마찬가지로 수의학에서도 동물의 질병을 진단하기 위해서 엑스레이나 MRI 같은 각종 영상 자료를 분석하는 데 인공 지능이 뛰어난 능력을 보일 것이다. 하지만 인공 지능이 한 분석을 바탕으로 치료 방법을 정하는 핵심 역할은 수의사가 해야 한다.

반려동물을 치료할 때는 보호자가 반려동물에 가지는 신뢰감, 배려심, 측은함 등의 가치를 생각해서 판단해야 하는데, 이는 기술이 사람을 대신하기 어렵다. 보호자의 고통과 불안에 잘 공감해 주는 수의사, 동물의 상태와 진료에 관한 내용을 이해하기 쉽도록 잘 설명해 주는 수의사, 친구처럼 전체 진료 과정을 함께 하는 수의사의 역할은 아무리 기술이 발달해도 여전히 중요한 가치를 지닌다.

수의학와 관련된 새로운 직업

동물 병원에는 동물과 그 동물의 보호자를 맞아 안내, 예약, 상담 등을 하는 '동물 병원 코디네이터'가 있다. 이들은 병원 마케팅, 직원교육 등 병원 운영과 관련된 일을 한다.

동물 병원에는 간호사 역할을 하는 '동물보건사'가 있다. 이들은 수의사가 하는 진료를 돕고, 여러 가지 검사를 하고, 동물에게 약을 주고, 일반적인 동물 건강에 관한 상담도 한다. 우리나라는 2022년 2월, 처음으로 국가에서 자격시험을 시행해서 동물보건사를 길러낼 예정이며 여러 대학에서도 관련 학과를 만들고 있다.

타고난 장애나 사고로 생활이 불편한 동물에게 필요한 보조 기구나 의지할 수 있는 장치, 휠체어 등을 만들어 사용할 수 있도록 해 주는 '동물 재활 공학자'도 늘어날 것이다. 동물 재활 공학자는 수의사로부터 진단서를 받아 동물의 건강을 확인하고, 동물의 나이, 크기, 체중, 사고 정도에 따라 동물의 신체를 대신할 수 있는 인공 다리와 같은 보조 장치를 만들기 때문에 공학에 관한 지식뿐 아니라 동물 생리학, 해부학도 잘 알아야 한다. 외국에는 전문 회사가 여럿 있고, 우리나라는 2013년 이후 몇 개 회사가 활동 중이다.

동물에게 좋은 먹을거리를 주기 위해 동물의 사료, 영양제, 간식 등을 연구 개발하는 '동물 사료 개발자'도 필요하다. 이들은 새로운 사료를 개발하기 위한 연구 외에 이미 나온 동물 사료를 검사하고, 보호자들에게 좋은 먹거리를 추천하는 일도 겸한다. 미국에서는 '반려동물 영양사'라고 부르는데, 대학이나 전문학교에서 관련 내용을 전공해야 한다. 우리나라에서도 동물의 먹을거리를 개발하는 회사는 점차 늘어나고 있으며, 영양학이나 생화학 등을 전공한 사람들이 주로 일하고 있다.

사람도 뼈나 근육의 이상을 치료할 때 마사지를 받거나 초음파나 전기 치료를 받는다. 이런 치료를 물리 치료라고 한다. 이런 기술을 동물에 적용해서 동물의 고통을 줄이고, 질병을 치료하고 예방하는 일을 하는 사람이 '동물 물리 치료 전문가'이다. 유럽과 미국에서는 이미 크게 성장해서 여러 종류의 전문 교육 프로그램이 있고 수의사만큼 좋은 대접을 받고 있지만, 아직 우리나라에서는 발전하지 않은 분야여서 앞으로 크게 성장할 것이다.

초음파를 이용해서 동물의 상태를 진단하는 '동물 초음파 진단사'도 있다. 동물 초음파 진단사는 소나 돼지 같은 산업동물이 새끼를 밴 상태를 검사하고, 좋은 체질을 가진 동물을 가려낸다. 식용으로 길러지는 동물들의 고기 품질을 검사해서 질에 따라 등급을 매기는 일도 한다. 하지만 아직 전문직으로 인정 받지는 못했으며 앞으로 필요한 교육과 자격 제도가 만들어질 것으로 기대한다.

이 외에도 동물을 털을 관리하는 동물 미용사, 동물 복지사, 동물과 관련된 법을 다루는 변호사, 동물의 장례를 치르는 장의사 등 새로운 직업이 많이 등장했다.

동물을 돌보고 치료하는 수의사

전문 직업으로 등장한 것은 그리 오래되지 않았지만, 요즘의 수의사는 사람들이 좋아하고, 존경하는 직업이다. 20세기 전까지는 주로 사람에게 유용한 동물인 말이나 소, 양 등을 치료하는 것이 주된 일이었지만, 삶이 넉넉해지면서 사람에게 안정과 친밀한 감정을 전해 주는 반려동물에 대한 진료가 중요해졌다.

최근에는 동물의 권리와 생명을 귀중하게 여기는 생각이 퍼져 나가면서 야생 동물의 보호나 버려진 동물의 구조 등도 수의사가 하는 중요한 일이 되었다. 최근에는 반려동물과 관련 사업이 발전해서 새로운 기술을 이용해서 이전에는 없던 서비스를 제공하는 직업이 늘어나는 중이며 수의사들이 여기에 적극적으로 참여하고 있다.

어떻게 수의사가 될 수 있나요?

수의사와 동물 병원

2020년 2월을 기준으로 우리나라에서 수의사 면허를 받은 사람은 20,469명인데 이 가운데 동물 병원에서 일하는 수의사는 7,667명으로 전체의 약 35%이다. 정부나 공공기관에서 일하는 수의사는 2,541명으로 12%를 차지하며, 다른 수의학 관련 회사, 연구소 등에서 일하는 수의사는 1,077명으로 5% 정도다. 나머지는 현재 일을 하고 있지 않거나, 무슨 일을 하는지 알리지 않은 사람들이다.

동물 병원 수의사 중 82.7%인 6,337명이 반려동물을 진료하는 병원에서 일하고 있으며, 소나 닭 등 농장 동물을 진료하는 병원에서 일하는 수의사는 871명이다. 459명은 반려동물과 농장 동물 모두를 함께 돌보는 병원에서 근무한다. 동물 병원은 모두 4,604개가 있는데, 반려동물 병원이 3,567개로 가장 많고, 농장 동물 병원이 765개, 둘 다 진료하는 병원이 272개였다. 2018년과 비교해 보면 수의사와 동물 병원 수는 전체적으로 늘어났다. 그중에서도 특히 반려동물 병원은 300여 개, 반려동물 병원에서 일하는 수의사는 950여 명이나 늘었다.

수의사 직업의 현재

수의사는 동물 병원 외에도 다양한 직장에서 일하고 있고, 직장에 따라 수입에 차이가 있다. 수의사들은 자기 직업에 대해 만족하는 편이다. 특히 동물을 진료하는 수의사들은 절반 이상이 자기 직업에 만족하고 있으며, 능력이 될 때까지 최대한 오래 일하겠다는 수의사 비율도 점점 늘어나고 있다.

수의사 면허 받기

수의사가 되기 위한 자격은 법으로 정해져 있다. 우리나라의 대학에서 수의학을 전공해서 학사 학위를 받은 사람과 외국에서 수의학을 공부하고 수의사 면허를 받은 사람은 국가에서 시행하는 '수의사 국가시험'을 치를 수 있다. 이 시험에 합격하면 수의사 면허를 받는다. 현재 우리나라에는 총 10개 대학에 수의학과가 있고, 수의학과는 의과 대학과 마찬가지로 기초 과목을 공부하는 예과 2년, 전문적인 과목을 공부하는 본과 4년으로, 졸업까지 총 6년이 걸린다.

수의사 면허 외의 다른 전문 자격은 아직 없다. 더 깊이 있는 공부를 하려는 사람은 대학원에 진학해서 석사, 박사 과정을 마친 뒤에 대학이나 연구소에서 학생을 가르치고 수의학이나 다른 연관 학문을 연구한다.

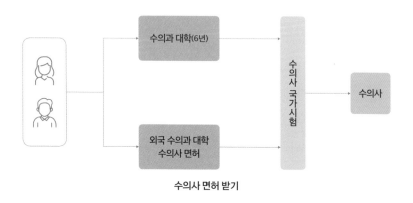

수의사 면허 받기

· 교과연계 내용 ·

과목 · 과정	초등학교
5학년 사회	나라의 등장과 발전 / 독창적 문화를 발전시킨 고려 / 민족 문화를 지켜 나간 조선 / 새로운 사회를 향한 움직임 / 일제의 침략과 광복을 위한 노력 / 대한민국 정부의 수립과 6·25전쟁
5학년 실과	일과 직업의 세계 / 자기 이해와 직업 탐색
6학년 사회	민주주의의 발전과 시민 참여 / 세계의 다양한 삶의 모습 / 우리나라와 가까운 나라들

과목 · 과정	중학교
과학1	과학과 나의 미래
과학3	과학 기술과 인류 문명
사회1	개인과 사회생활 / 사회 변동과 사회 문제
역사1	문명의 발생과 고대 세계의 형성 / 세계 종교의 확산과 지역 문화의 형성 / 지역 세계의 교류와 변화 / 제국주의 침략과 국민 국가 건설 운동 / 세계 대전과 사회 변동 / 현대 세계의 전개와 과제
역사2	선사 문화와 고대 국가의 형성 / 남북국 시대의 전개 / 고려의 성립과 변천 / 조선의 성립과 발전 / 조선 사회의 변동 / 근 · 현대 사회의 전개
진로와 직업	일과 직업 세계 이해 / 진로 탐색 / 진로 디자인과 준비

과목 · 과정	고등학교
세계사	인류의 출현과 문명의 발생 / 동아시아 지역의 역사 / 서아시아 · 인도지역의 역사 / 유럽 아메리카 지역의 역사 / 제국주의와 두 차례 세계 대선 / 현대 세계의 변화
동아시아사	동아시아 역사의 시작 / 동아시아 세계의 성립과 변화 / 동아시아의 사회 변동과 문화 교류/ 동아시아의 근대화 운동과 반제국주의 민족 운동 / 오늘날의 동아시아
생활과 윤리	직업과 청렴의 윤리
한국사	전근대 한국사의 이해 / 근대 국민 국가 수립 운동 / 일제 식민지 지배와 민족 운동의 전개 / 대한민국의 발전

미래를 여는 경이로운 직업의 역사

생명을 살리는 직업 Ⅱ | 간호사 · 약사 · 수의사

초판 1쇄 발행 2021년 12월 20일
초판 3쇄 발행 2023년 5월 2일

지은이	박민규
펴낸이	박유상
펴낸곳	빈빈책방(주)
편집	김연희
디자인	기민주
일러스트	김영혜

등록	제2021-000186호
주소	경기도 고양시 덕양구 중앙로 439 서정프라자 401호
전화	031-8073-9773
팩스	031-8073-9774
이메일	binbinbooks@daum.net
페이스북	/binbinbooks
네이버 블로그	/binbinbooks
인스타그램	@binbinbooks

ISBN 979-11-90105-38-5 44190